“十三五”国家重点图书

“不忘初心、牢记使命”主题教育重点图书

U0863427

绿色发展新理念

绿色学校

生态环境部宣传教育中心◇主编

人民日报出版社

图书在版编目（CIP）数据

绿色发展新理念·绿色学校/生态环境部宣传教育中心主编. -- 北京：人民日报出版社, 2019.5
ISBN 978-7-5115-5763-6

Ⅰ.①绿… Ⅱ.①环… Ⅲ.①绿色经济—经济发展—研究—中国 Ⅳ.①F124.5

中国版本图书馆CIP数据核字(2018)第288747号

书　　名：**绿色发展新理念·绿色学校**
作　　者：生态环境部宣传教育中心

出 版 人：董　伟
责任编辑：袁兆英　刘晴晴
封面设计：邢海燕

出版发行：人民日报出版社
社　　址：北京金台西路2号
邮政编码：100733
发行热线：（010）65369509　65369527　65369846　65363528
邮购热线：（010）65369530　65363527
编辑热线：（010）65363105
网　　址：www.peopledailypress.com
经　　销：新华书店
印　　刷：大厂回族自治县彩虹印刷有限公司

开　　本：880mm × 1230mm　1/32
字　　数：196千字
印　　张：8.5
印　　次：2019年6月第1版　2019年6月第1次印刷

书　　号：ISBN 978-7-5115-5763-6
定　　价：39.00元

习近平谈生态文明

加快生态文明体制改革，建设美丽中国。

——党的十九大报告

生态文明建设是关系中华民族永续发展的根本大计。生态兴则文明兴，生态衰则文明衰。

——在全国生态环境保护大会上的重要讲话

2018年5月18日

我们要建设的现代化是人与自然和谐共生的现代化，既要创造更多物质财富和精神财富以满足人民日益增长的美好生活需要，也要提供更多优质生态产品以满足人民日益增长的优美生态环境需要。

——党的十九大报告

生态环境是关系党的使命宗旨的重大政治问题，也是关系民生的重大社会问题。

——在全国生态环境保护大会上的重要讲话

2018 年 5 月 18 日

我们既要绿水青山，也要金山银山。宁要绿水青山，不要金山银山，而且绿水青山就是金山银山。我们绝不能以牺牲生态环境为代价换取经济的一时发展。我们提出了建设生态文明、建设美丽中国的战略任务，给子孙留下天蓝、地绿、水净的美好家园。

——在哈萨克斯坦纳扎尔巴耶夫大学的讲演

2013 年 9 月 7 日

倡导简约适度、绿色低碳的生活方式，反对奢侈浪费和不合理消费，开展创建节约型机关、绿色家庭、绿色学校、绿色社区和绿色出行等行动。

——党的十九大报告

总　序

生态文明建设是关系中华民族永续发展的根本大计。党的十八大以来，以习近平同志为核心的党中央站在坚持和发展中国特色社会主义、实现中华民族伟大复兴中国梦的战略高度，把生态文明建设和生态环境保护摆在治国理政的重要位置，谋划开展了一系列根本性、开创性、长远性工作，推动生态文明建设从实践到认识发生历史性、转折性、全局性变化。

2018 年 5 月召开的全国生态环境保护大会正式确立了习近平生态文明思想，这是大会最大的亮点，是标志性、创新性、战略性的重大理论成果。习近平生态文明思想内涵十分丰富，集中体现为生态兴则文明兴、生态衰则文明衰的深邃历史观，人与自然和谐共生的科学自然观，绿水青山就是金山银山的绿色发展观，良好生态环境是最普惠的民生福祉的基本民生观，山水林田湖草是生命共同体的整体系统观，用最严格制度保护生态环境的严密法治观，全社会共同建设美丽中国的全民行动观，共谋全球生态文明建设的共赢全球观。习近平生态文明思想是习近平新时代中国特色社会主义思想的重要组成部分，深刻回答了“为什么建设生态文明、建设什么样的生态文明、怎样建设生态文明”等重大理论和实践问题。

做好新时代生态环境保护工作，最根本的就是要深入学习贯彻习近平生态文明思想和全国生态环境保护大会精神。习近平总书记在全国生态环境保护大会上强调，要自觉把经济社会发展同生态文明建设统筹起来，加快形成绿色发展方式和生活方式。在2018年中央经济工作会议上，总书记将加快绿色发展作为我国重要战略机遇期的新内涵。党的十九大报告特别指出，我们要建设的现代化是人与自然和谐共生的现代化，既要创造更多物质财富和精神财富以满足人民日益增长的美好生活需要，也要提供更多优质生态产品以满足人民日益增长的优美生态环境需要。

推进绿色发展是实现人与自然和谐共生的必由之路。党的十九大报告指出，要加快建立绿色生产和消费的法律制度和政策导向，建立健全绿色低碳循环发展的经济体系。构建市场导向的绿色技术创新体系，发展绿色金融，壮大节能环保产业、清洁生产产业、清洁能源产业。推进能源生产和消费革命，构建清洁低碳、安全高效的能源体系。推进资源全面节约和循环利用，实施国家节水行动，降低能耗、物耗，实现生产系统和生活系统循环链接。倡导简约适度、绿色低碳的生活方式，反对奢侈浪费和不合理消费，开展创建节约型机关、绿色家庭、绿色学校、绿色社区和绿色出行等行动。我们要坚定不移贯彻绿色发展理念，进一步发挥生态环境保护的倒逼作用，加快推动经济结构转型升级、新旧动能接续转换，在高质量发展中实现高水平保护、在高水平保护中促进高质量发展。

如何把绿色发展方式和生活方式的新理念贯穿到中小学、大学、社区、家庭、乡村、企业、机关，让更多的人选择绿色出行、绿色消费，了解绿色学习中心、绿色建筑、绿色供应链，是我们在新时代践行绿色发展需要大力解决的实际问题。为此生态环境部宣传教育中心组织了有关部属单位以及清华大学、北京师范大学、首都师范大学、北京教育科学研究院、北京市环境保护宣传中心、江苏省环境保护宣传教育中心、中环联合（北京）认证中心有限公司、公众与环境研究中心（IPE）等机构的数十位专家及学者共同编写了这套“绿色发展新理念·建设美丽中国”系列丛书。

“绿色发展新理念·建设美丽中国”系列丛书包括《绿色发展新理念·绿色乡村》《绿色发展新理念·绿色学校》《绿色发展新理念·绿色家庭》《绿色发展新理念·绿色机关》《绿色发展新理念·绿色企业》《绿色发展新理念·绿色大学》《绿色发展新理念·绿色消费》《绿色发展新理念·绿色建筑》《绿色发展新理念·绿色供应链》《绿色发展新理念·绿色学习中心》《绿色发展新理念·绿色出行》《绿色发展新理念·绿色社区》，共计 12 册。本套丛书旨在全面落实习近平生态文明思想和全国生态环境保护大会精神，推动形成绿色发展方式和生活方式，提高社会公民，尤其是基层干部、教育工作者、社区和企事业单位管理者对绿色发展的理解，并为其提供可操作性强的实践方法，激发全社会践行绿色发展的自觉性和主动性。

本套丛书的编写人员“术业有专攻”，在深入学习领会习近平生态文明思想和全国生态环境保护大会精神，以及广泛参阅文献的基础上结合相关实践经验编写完成。本套丛书的亮点在于不仅展现了我国生态文明建设的最新成果，还详细列举了许多国内外的成功经验与做法，内容科学准确，可以作为各个领域特别是干部和公众进一步深入学习贯彻习近平生态文明思想的操作指南，具有较强的可读性和借鉴意义。

曲格平

2019 年 3 月于北京

前 言

青少年是国家未来的主人、未来环境的拥有者、保护者、开发者。对青少年进行环境教育，提高环境素养，树立生态文明思想，进而采取绿色行动，是推进生态文明建设和可持续发展目标的重要一环。

1996 年，原国家环保局（现生态环境部）、教育部和中共中央宣传部共同颁布《全国环境宣传教育行动纲要》，提出“到 2000 年，在全国逐步开展创建绿色学校活动”，并决定从 2000 年开始，每两年表彰一批绿色学校创建活动先进学校。自此，全国各地相继开展了丰富多彩的绿色学校创建活动。

2000 年到 2008 年，为了推动“绿色学校”创建活动的开展，由原国家环境保护总局（现生态环境部）和教育部联合成立全国“绿色学校”表彰领导小组，并在原国家环境保护总局宣传教育中心设立办公室，每两年表彰一批绿色学校创建活动先进学校。

绿色学校是中国借鉴国外发达国家环境教育的成功经验，特别是在欧洲开始推动的生态学校计划以及中国香港和台湾地区绿色学校发展的基础上，结合我国自身实际建立的生态文明思想的宣传教育平台与抓手。绿色学校创建活动的开展，大大提高了学校师生的环境素养和全面发展，传播了生态文明思想和可持续发展理念，成为推进绿色发展，建设美丽中国的重要力量。

从全球视野来看，中国的“绿色学校”对全球可持续发展教育网络建设也发挥着重要作用。2007 年 6 月，原环境保护总局宣传教育中心代表中国加入了国际环境教育基金会（FEE–International），使中国的“绿色学校”成为国际“生态学校”网络的重要组成部分，并促进了我们与世界其他国家学校在环境与可持续发展教育上的深入交流。

中国“绿色学校”经过大约 20 年的发展，打下了坚实的基础，各地教育和环保部门管理层和绿色学校师生对绿色发展和推动生态文明教育有诸多共识。在新时代背景下，随着联合国《2030 可持续发展议程》和中共 19 大报告中对未来我国社会发展中长期阶段性愿景目标的设定与落实，越来越多如 AI 等更加先进的现代信息技术迭代进步与推广应用，绿色学校肩负着新的历史使命，面临着更高的挑战。十九大报告中提出：开展绿色学校等行动，推动全社会形成绿色发展方式和生活方式。为此，我们参与编辑绿色发展新理念丛书之一的《绿色学校》一书，总结了中外绿色学校的理论与实践，为今后绿色学校发展提供思路和建议。希望本书的出版，对于广大的领导、干部，特别是投身于宣传生态文明思想和与可持续发展教育的同仁们能有所助益。

在编辑本书的过程中，我们部分地吸收了我中心组织开展的《绿色学校发展策略与运行管理研究课题》的部分研究成果。国际环境教育基金会（FEE）秘书处及其罗马尼亚、摩洛哥、北爱尔兰等国家和地区代表为本书提供了丰富的案例，我们也引用了部分国内的绿色学校的优秀案例，这些学校的校长教师们慷慨地提供了有关他们的经验资料，在此一并表示感谢！

绿色学校是一个自我完善与时俱进的系统和过程，我们相信绿色学校好比宣传和践行生态文明的一粒种子，经过大家的努力创新，必将使得生态文明思想在中华大地生根发芽，枝繁叶茂！

曾红鹰

2019 年 1 月

目录
Contents

第一章

推进绿色发展　创建绿色学校

第一节　绿色学校的产生背景

绿色学校（生态学校）[①] 是 20 世纪伴随人类社会发展，环境教育和可持续发展教育概念的提出、发展和实践而出现的。

20 世纪是人类社会高度发展与自然环境限制相碰撞的世纪。生产力的迅速提高使人类社会经济在快速蓬勃发展的同时，也面临着严峻的资源环境挑战。由于人类活动的广度和深度不断扩大，对生态环境和自然资源的压力也日益增加。

20 世纪也是人类开始正视环境问题并采取对策的世纪。60 年代，莱切尔·卡逊所著的《寂静的春天》出版，启蒙了人类的环境意识，引发了全球性的环境保护运动；1972 年斯德哥尔摩人类环境会议开创了联合国关注环境问题的先河，成为全球环境保护的历史起点；1992 年里约热内卢环境与发展大会，使“可持续发展”成为人类社会发展的新目标，标志着新时代系统观和整体观开始对环境和发展发挥实践指导作用。

对于环境教育而言，1977 年是一个具有里程碑意义的年份。在这一年，在苏联第比利斯市，由联合国教科文组织（UNESCO）和联合

① 本书不对绿色学校和生态学校进行区别，只是不同国家使用的名称不同，基本内涵大致相同。

国环境规划署（UNEP）共同主持召开了历史上第一次国际环境教育会议——由66个国家参加的“政府间环境教育会议”（又称第比利斯会议）。第比利斯的会议宣言和建议成为国际环境教育基本理念和体系的基准，并成为许多国家推进环境教育事业发展的基本方针。

1992年，在巴西里约热内卢召开了地球峰会，发布了《21世纪议程》，提出了“可持续发展”的理念，其内涵是“既满足当代人的需要，又不对后代人满足其需要的能力构成危害的发展”，并着重指出，教育在促进可持续发展中具有重大作用。环境教育更进一步升华和演化为“为了可持续发展的教育”。

20世纪70年代，我国在环境保护政策中就已经开始关注环境教育的开展，把环境教育作为环境保护工作的重要内容之一。例如，在1973年的第一次全国环境保护会议，1983年的第二次全国环境保护会议，1992年的第一次全国环境教育工作会议中均有所提及。在1987年、1990年、1992年国家教委制定的基础教育阶段相关学科的教学大纲中都对环境教育提出了指定要求。

1992年以后，在联合国环境发展大会的影响下，我国的环境教育也开始融入可持续发展的理念。1994年，《中国21世纪议程》提出“将可持续发展思想贯穿到从初等到高等的整个教育过程中”，1996年，《全国环境宣传教育行动纲要（1996年~2010年）》中进一步明确了环境教育的内容、对象和形式。

一、国际绿色学校的产生

国际绿色学校即通常所指的国际“生态学校”，“生态学校”

（Eco–Schools）是环境教育基金会[①]为推动可持续发展进程于1994年提出，也是FEE目前在全球开展的五个环境教育项目之一，是当今世界上面向青少年的最大的环境教育项目。项目旨在帮助学校改善当地环境，节约资源并减少碳足迹，鼓励青少年为应对气候变化和促进可持续发展做出贡献。截至2017年底，全世界共有76个国家和地区（FEE国家成员机构）开展了生态学校项目，覆盖亚洲、欧洲、非洲、美洲和大洋洲，形成了全球生态学校网络和资源平台，很好地促进了全球的环境和可持续发展教育策略实施与能力建设。国际生态学校项目得到联合国可持续发展教育十年计划（DESD）的充分认可，并被其作为优秀项目予以推荐和支持。

从1994年欧洲环境教育基金会（FEEE）提出“生态学校计划”以来，各国的绿色学校建设结合其环境保护和社会可持续发展需要，开展了丰富多样的实践。目前，参与生态学校计划项目的各个国家，对绿色学校内涵形成了一个基本的共识，即：生态学校是一项为了学校的环境管理和认证，以及可持续发展教育的计划，其整体性和参与性的特征和融学习与行动为一体的方法，使得这项计划成为学校改善校园及其所在社区环境的一条理想途径，也是影响年轻人、学校师生、家庭、地方当局、非政府组织争取环境行动的参与途径。

---

① 国际环境教育基金会原为欧洲环境教育基金会（FEEE），成立于1981年，起初只在欧洲开展环境教育项目，2001年，其环境教育项目扩展到南非，欧洲环境教育基金会更名为国际环境教育基金。截至2017年底，FEE共有包括中国在内的76个成员国，在全世界范围内开展蓝旗（Blue Flag）、绿钥匙（Green Key）、生态学校（Eco–Schools）、环境小记者（YRE）以及森林学习（LEAF）5个环境教育项目。

二、中国绿色学校的产生

1996 年开始的中国绿色学校借鉴于欧洲的“生态学校”，也可以认为中国绿色学校也是本土化的生态学校。

1996 年，中共中央宣传部（以下简称中宣部）、国家教育委员会（现教育部）和国家环境保护局联合发布了《全国环境保护宣传教育行动纲要（1996 年～2010 年）》（以下简称《纲要》），并推动了“绿色学校”创建这一项全国性的环境教育活动。《纲要》中指出，要在全国逐步开展创建“绿色学校”活动，这份文件在当时对我国环境保护宣传教育工作未来十五年的发展，发挥了重要的指导作用。《纲要》提出全国创建“绿色学校”的要求之后，全国各地积极响应，一些省市率先开展了创建“绿色学校”活动，得到积极的社会反响，并取得了很多宝贵经验。

1997—1999 年，教育部支持的由英国 BP 资助的中小学绿色教育行动项目也积极推动了中英环境教育师资培训与交流，邀请包含原国家环保总局宣教司官员等代表访问英国生态学校，也在客观上推动了中国绿色学校的发展。1999 年，原国家环保总局宣教司在广州组织召开全国绿色学校创建经验交流会，进一步推动绿色学校的发展。

2000 年，为管理和规范全国的“绿色学校”创建活动，教育部和原国家环保总局下发开展全国绿色学校创建活动表彰通知，并联合成立了“全国绿色学校表彰领导小组”（以下简称领导小组）。领导小组由两部委的主管领导组成，并在原国家环保总局宣传教育中心设立了“全国绿色学校表彰领导小组办公室”，负责全国各级“绿色学校”

创建活动的指导和“绿色学校”的国家表彰等日常管理工作，揭开了“绿色学校”创建表彰的序幕。在中国，“绿色学校”建设活动取得了相当丰硕的成果，并形成了省、市、区，层级不同、形式多样的绿色学校体系。据资料，截止到 2008 年 6 月，中国各级绿色学校总数达 42000 多所。绿色学校创建活动成为中国广大青少年接受环境和可持续发展教育，参与生态文明建设和促进可持续发展的良好途径。

2009 年后推广的国际的基本理念与方法在中国开始推广，截至 2017 年，全国已有 450 所中小学（幼儿园）获得国际生态学校绿旗奖。生态学校项目按照国际环境教育基金会（FEE）指导方针建设。

第二节　绿色学校创建活动的意义

一、“绿色学校”创建活动促进生态文明建设，推进可持续发展

党的十九大报告提出：要“加快生态文明体制改革，建设美丽中国”“推进绿色发展”“开展创建节约型机关、绿色家庭、绿色学校、绿色社区和绿色出行等行动”。

绿色学校是面向青少年的环境和可持续发展教育项目，是动员青少年广泛参与可持续发展的一个很好的平台；推动环境保护工作的有效途径；建设生态文明的必要组成部分。绿色学校创建的内容不仅包括课内外的环境教育，还包括实践层面的校园环境管理，并强调在整个绿色学校创建过程中的全员参与和家—校—社区互动。学校通过实施校内节水、节电、节能、节约材料，提高设施和场所使用效率，改善环境质量，营造环保型校园生活和工作空间。全校师生都亲自参与到绿色校园的建设中，成为参与生态文明建设的身体力行者。绿色学校还通过小手牵大手，带动家庭、社区，推动全民更广泛地参与保护环境的行动，产生明显的社会效益。

2003 年，教育部在颁布的《中小学环境教育实施指南》中指出：“环境保护，教育为本。加强中小学环境教育，是贯彻落实我国环境

保护基本国策，提高全民族的环境意识和科学文化素质的奠基工程，也是为我国培养21世纪合格人才，实施可持续发展战略，建设现代化强国的一项根本性措施。”因此要求学校在基础教育新课程的各相关学科内容中渗透环境和可持续发展教育，同时将环境和可持续发展教育作为跨学科主题纳入中小学教育、教学活动。当前，国家倡导加快生态文明体制改革，建设美丽中国；推进绿色发展，开展绿色学校等系列创建活动，这是对以往全国绿色学校创建工作的充分肯定。各级教育和环保部门也应积极鼓励学校开展以绿色学校创建为基础的生态文明教育。

二、“绿色学校”创建活动提升了学校环境教育的质量，提高了学校环境管理水平

学校是传播文化的重要平台，是学生获得知识、价值观、行为养成的重要场所，承担着正规教育的基本功能。同时学校在日常的运行和管理中也消耗资源和能源，产生废物，甚至是有毒废物，对环境产生不利影响。因此学校的环境教育和环境管理是密不可分的一个整体，校园物质文化环境对学生有潜移默化的影响。

绿色学校为学校环境教育和环境管理的有机融合提供了很好的操作范例。国家各级绿色学校管理部门特别重视绿色学校环境教育和环境管理能力建设，通过教师培训、项目引入、交流研讨、教案评选等各种方式，增强绿色学校课堂渗透环境教育和课外开展环境综合实践课的水平，指导学校按照科学的管理模式进行校园环境管理和运行。校园环境管理活动本身也成为师生参与环境保护实践的机会和进行环

境教育的资源。师生通过研究性学习和综合实践活动课，了解校园环境问题的产生和改善，学习环境和社会的知识，理解人与环境的关系，参与校园环境的改善，提高环境素养，增强了建设可持续发展家园的能力和责任感。因此，绿色学校创建使学校达到了教育和管理的“双赢”。

三、“绿色学校”创建活动促进学生全面发展及综合素质提升

绿色学校建设以环境保护、生态文明和可持续发展思想和内容为核心，以丰富的和具有创新性的教育教学方式为途径，培养学生具备知、情、意、行等综合素质能力。学校根据实际情况，在多年级、多学科、多课程中整体性地渗透环境与可持续发展教育和教学，鼓励和指导学生开展环境主题的研究性学习，调查研究，撰写小论文等。这有助于师生深入地认识和理解环境和可持续发展问题的重要性，提高师生环境知识、意识、技能、态度、价值观和行为水平，对于减少学校对环境的不良影响，有效地减少资源能源消耗，回收利用，减少事故隐患，节约财政开支，营造优美生态环境等，也产生了积极的影响。

绿色学校管理机构也大力支持在绿色学校中开展各种以环境和可持续发展为主题的研究性学习和实践项目，鼓励学生从身边的环境和可持续发展问题入手，开展研究性学习，深入调查，以创新思维提出解决办法，并影响更广泛的人群。这使青少年关心环境问题、参与环境保护行动的能力和责任心大大加强，建立了以政府为主导，学校、社区、企事业和民间团体在学校环境教育和管理上的参与合作的教育模式。从案例来看，一些学校充分利用绿色学校建设过程以及国家和

各地区为绿色学校提供的良好平台和契机，深入挖掘环境教育与新课改、研究性学校及素质教育的关系，不仅大大提升了学校的教育质量，而且为学校、教师和学生获得了各种参与机会、荣誉和奖励。

教学方式对学习效率有着重要的影响，以学生为中心的教学有助于学生有效地学习。环境教育提倡以学生为中心的，推动从教向学转变的教学方式；绿色学校鼓励在传统的室内教学和灌输的方式之外进行学习方式的创新，转变为学生自主学习的方式；从个人独自学习的方式转变为小组学习，并把个人学习视为小组学习的最终目的；从教师作为全权代理的灌输者转变为教师作为学习过程的设计者和促进者的身份；学生们也由知识信息被动接受者的身份转变为创造性学习者的身份了。现代教育改革提倡培养学生的批判性分析能力、创造力，尊重多样性，尊重差异性。从“绿色学校”建设的历史发展和现实来看，它符合我国基础教育改革所倡导的注重以人为本、尊重学生个性、重视学生探究、动手能力和创新精神的培养等理念，在学校多学科领域中进行着创新实践。同时“绿色学校”的概念及要求也为全球面向可持续发展的优质教育做出了贡献。

第三节　绿色学校的内涵

一、概念

“绿色学校”是指通过在教育教学活动中全面开展环境和可持续发展教育，在学校日常行政管理和设施运行中有计划地采取有效的校园环境管理和运行措施，将生态文化融入校园文化建设之中，并充分利用校内外资源，使全校师生员工获得参与生态文明建设和促进可持续发展的知识和技能；培养他们尊重自然、顺应自然、保护自然的意识、态度和价值观；全面提高他们参与生态文明，建设美丽中国，促进绿色发展的实践能力；培养具备较高环境素养、全面发展的高素质人才，并能够持续改进的学校。

简单地讲，绿色学校是指在生态文明思想及可持续发展理念的指导下，以学校环境管理为手段，以学校课程和活动为载体，以全员参与校园环境建设和社区环境改善为形式，以提高受教育者环境素养和综合素质发展为宗旨的学校（幼儿园）。

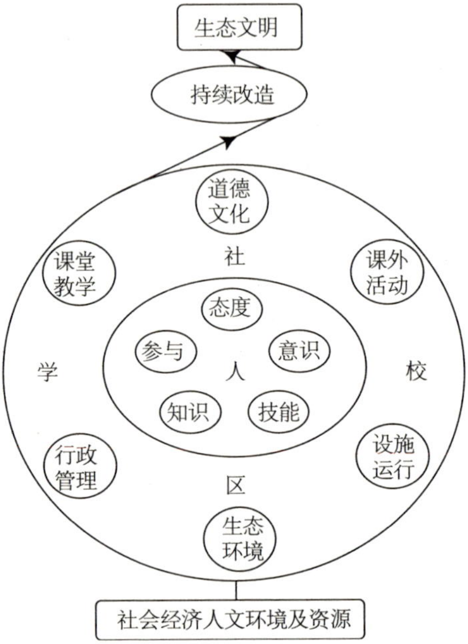

图 1-1 绿色学校概念框①

二、基本特征

绿色学校基本特征包括以下几个方面：

1. 以生态文明理念和可持续发展思想指导学校教育和管理

1987 年，联合国发表的研究报告《我们共同的未来》中，首次对可持续发展概念做出了科学定义：“可持续发展是既满足当代人需求，又不对后代人满足其需要的能力构成危害的发展。”1992 年，在里约

① 原环境保护部宣传教育中心《绿色学校指南（讨论稿）》，2009。

热内卢召开了联合国环境与发展大会，发表了《里约环境与发展宣言》和《21 世纪议程》，郑重宣告“促进可持续发展是我们的责任”。可持续发展已成为世界各国普遍认同的一种原则、一种发展战略，成为人类发展的共同目标。据此，各国编制了适用于本国可持续发展的《21 世纪议程》。1994 年 3 月 25 日，我国发布了《中国 21 世纪议程》，即《中国 21 世纪人口、环境与发展》白皮书，从中国的具体国情和环境与发展的总体出发，提出了促进经济、社会、资源、环境以及人口、教育相互协调、可持续发展的总体战略和政策措施方案。

2001 年，在教育部颁布的《基础教育课程改革纲要（试行）》中明确要求全面推进素质教育，并将环境意识作为培养目标内容。为落实《基础教育课程改革纲要（试行）》精神，有效实施环境教育，教育部在基础教育新课程的各相关学科内容的设计中都渗透了环境教育，同时将环境教育作为一个跨学科的主题纳入中小学综合实践活动课程，并于 2003 年印发了《中小学环境教育实施指南》，该指南成为中小学开展环境教育的重要依据。

2017 年，在中国共产党第十九次全国代表大会报告中，习近平总书记强调：“必须坚定不移贯彻创新、协调、绿色、开放、共享的发展理念。”“坚持人与自然和谐共生。建设生态文明是中华民族永续发展的千年大计。必须树立和践行绿水青山就是金山银山的理念，坚持节约资源和保护环境的基本国策，像对待生命一样对待生态环境……”“形成绿色发展方式和生活方式”“倡导简约适度、绿色低碳的生活方式，反对奢侈浪费和不合理消费，开展创建节约型机关、绿色家庭、绿色学校、绿色社区和绿色出行等行动。”

在绿色学校的创建过程中，应当从全局考虑，通过课程建设、校园建设、学校管理等一切手段，充分利用一切教育资源来促进学生的环境意识、环境价值观与态度、环境知识技能等各方面素质的发展。使全校学生及教职工认识到人类与自然是生命共同体，认识到人类活动与决策对生态环境的影响，形成人与自然和谐的生态价值观、可持续发展的生活观，形成从自己的学校做起，营造建设生态文明的氛围，自主有效地参与当地、国家及全球的可持续发展战略的实施。

2. 以学生为主体，全员参与绿色学校创建

在绿色学校中，全体教职工和学生的参与是环境教育成功与否的关键。绿色学校全员参与的特性，表现出可持续发展思想所倡导的公平、民主、尊重、信任、合作等观念。而师生员工共同合作，积极参与学校的管理过程，是养成这些观念的最好方法。因此，绿色学校的建设过程要以学生为主体，鼓励学校全体人员都参与，包括学校管理人员、教师、后勤员工。并且积极争取校外人士对绿色学校建设的支持，包括家长、地方环保和教育官员、研究机构学者、民间志愿者等。

3. 具有多学科渗透的环境教育课程和跨学科的综合实践活动课程

好的环境教育课程是绿色学校的重要特征之一。绿色学校应当有一套结构合理，内容全面的环境教育课程。课程的设计要符合教育部颁布的《中小学环境教育实施指南》要求，在各相关学科内容中渗透环境教育，同时将环境教育作为一个跨学科的主题纳入综合实践活动课程。有条件的绿色学校也可以单独设立环境教育课程。这些课程应经过精心的设计，能够适应不同教师和学生的需要，而且符合生态文明和可持续发展的要求。

4. 不断建设和完善有益于环境和可持续发展教育的校内外环境

从提高人的综合素质出发，开展环境和可持续发展教育，需要关注学习者的认知目标，更要关注学习者的情感目标。实现情感目标的最佳方式是让学习者接触并亲自经历人与自然环境，即所谓的“在环境中的教育”，这一策略被称为“经验学习”。目前广泛开展的各种课外活动和“研究性学习”都旨在通过各种经验性学习过程，增强学习者的认知体验。学校的氛围，总会包含着某些关于环境的信息，而这些信息可能会潜移默化地对学生产生对环境友好或不友好的影响。绿色学校要求一种“对环境友好的”教育氛围。学生接触的最直接的环境就是自己的学校。校园是开展环境教育最好的地方。对于儿童来说，最好的也是最全面的进行环境教育的资源就是自己的学校，他们所处的建筑物和他们的操场。

“绿色学校”所开展的节能减排、改善校园生态环境、循环利用、可持续消费等实践活动，就是要使学校本身成为一种教育资源，使学生在校园环境中参与实践，从而接受在环境中的教育，并充分利用校外环境作为教育资源。

5. 融合当地的自然特征和文化特点，具有开放性

“全球思考，本地行动”是环境和可持续发展教育的重要要求。绿色学校要从当地和学校实际出发，结合当地自然生态环境的实际情况和历史文化特点，来策划和实施环境教育的具体内容、教学方法、校园管理模式和校内外活动等环境教育实践活动，帮助学生走出校园，利用校外环境与可持续发展教育资源，进一步了解自己周围的世界，鼓励学生认识个人生活和环境、发展之间的关系，探讨生态文化和价值观念以及实践方法对生态环境的影响等问题，使“绿色学校”的教育和实践活动能符合当地的实际情况，并服务于本地环境保护和可持续发展的需要。

绿色学校的开放性是指学校增强与其他绿色学校和所在社区的联系和交流，与之建立良好互动共建关系，得到所在地公众的支持，并让他们有机会参与学校建设和管理。同时学校还可以通过这种开放性更多地运用周边社区的人力、物力、财力和自然环境等作为环境教育的资源，并通过区域绿色学校联盟姐妹学校、绿色学校网络、小手拉大手活动等，将绿色学校建设的影响扩大到更广泛的社会群体中。

第二章

如何创建绿色学校

第一节　绿色学校创建的原则

建设绿色学校需要了解并遵循以下五个原则，并把这些原则贯彻在建设绿色学校的整个过程中。

一、民主参与原则

创建“绿色学校”活动是一个共同参与的过程，校长及各级领导、全体教职员工及学生共同参与绿色学校建设的各项工作和活动。在绿色学校建设过程中，特别是学校在对学校的环境教育和校园环境管理活动等工作进行决策和组织实施的过程中，应注重发扬民主，有关管理制度应体现出鼓励学校全体人员的有效参与，特别是学生的参与。应充分调动学生的主观能动性，鼓励学生重新审视自己的过去和未来，对现有的生产方式和生活方式进行批判性思考，认识环境与发展问题的本质和深层原因；形成尊重自然、弘扬人与自然和谐相处的核心价值观；尊重真理和推论，学会批判地审视有关环境与发展问题的社会争端以及争端背后的价值观；培养民主参与和解决环境与发展问题的能力。

绿色学校建设中还应争取家长、专家、社区、媒体、政府机构、有关志愿者团体及周边社区的有效参与，以获得更多的社会资源支持。

学校在创建绿色学校过程中应该与所在社区紧密联系，在获得社区资源和帮助的同时，还要影响和服务于社区，包括参与帮助改善社区的环境状况。

二、整体发展原则

学校应将生态文明和可持续发展的理念融入课程、课堂教学、课外活动、思想品德教育、校园环境和后勤管理以及校园文化建设等学校建设和发展所有方面。“绿色学校”不是片面地在课堂上讲讲环保知识，在“环境日”等节日搞搞活动，或者是教师带学生到校外捡拾垃圾，而是要在学校教学、管理、运行及软硬件建设的所有方面都能够践行生态文明和可持续发展理念，时时处处事事都能够注意节约资源能源、保护生态环境。绿色学校创建是全校整体推进，即采用“全校性策略”达到创建目标。

三、因地制宜原则

我国不同地区学校所处自然条件、经济条件和文化背景都存在差异，即使是同一地区的学校，在经费、设施、师资、生源、资源、环境条件、学校历史和校园文化等方面也有所不同。因此学校应因地制宜，根据自身的条件，有效地利用人力、物力和财力，扬长避短，突出特色，运用师生智慧，结合当地、本校的实际情况和特点，在学校的教学、活动、管理和文化等各方面进行创新，建设出独具自身特色的“绿色学校”。

四、环境绩效原则

“绿色学校”不仅是一种思想理念，更是一种实践目标。在“绿色学校”建设中不仅要把节约资源能源、保护生态环境和可持续发展的理念通过课程教学和思想道德教育，渗透到学校全体人员的头脑中，还要通过学校各项管理和运行，使资源能源、保护生态环境落实成为学校全体人员的具体行动，做到思想与行动的统一。学校要为自己设定切实可行的节约资源能源、改善校园生态环境等具体的环境绩效目标，并注重组织引导全体师生员工努力控制污染、改善校园和所在地环境质量，提高节约资源能源和其他消耗品方面所产生的环境和经济绩效，以体现绿色学校所肩负的社会责任和环境责任。

五、持续改进原则

“绿色学校”建设是一个长期积累并不断提升的过程。通常，学校不易做到短期内在所有方面都迅速取得成效，但可以将建设目标分为近期、中期和远期等阶段，根据现有条件，从可以实现的方面入手，在实践中积累经验，总结教训，循序渐进，逐步提高。

第二节　绿色学校创建的要点和步骤

一、绿色学校的创建要点

根据绿色学校概念框架，在创建绿色学校的开始，需要根据本学校的具体情况和特点，策划出绿色学校的建设要点，一般包括以下方面：

1. 学校管理及运行

从管理入手，策划一个能够持续改进的绿色学校建设的管理模式，并与学校现有的管理模式相融合。策划的管理内容包括建立管理组织机构，如绿色学校委员会等；制定绿色学校的教学管理和环境管理目标，如环境教育课程计划、有关的宣传教育活动、节能减排和改善校园生态环境项目等；将管理目标分解为行动方案并在日常教学和运行中予以实施；在学校管理考核中纳入对上述管理目标实施情况的考核，并对未实现的目标制订改进计划，纳入下一轮改进管理目标中。

在学校设施运行和新扩改建设中纳入节能减排及生态环境改善目标和计划。按照上述管理模式，在学校日常运行和维护中，进行环境管理（如节能、垃圾和废物处理、资源回收利用、清洁卫生、场地管理等），并使学生、教职员工及校外人士能够参与管理和决策过程。

绿色学校的管理包括课程、行政、后勤和环境，校园环境管理尤为重要。学校通过实施校内节水、节电、节能、节约材料，提高设施和场所使用效率，改善生态环境质量，营造良好的校园学习、生活和工作空间。使学生有机会直接接触美好的生态环境、了解认识自然规律、欣赏环境、建设环境，更多地运用环境资源作为教学资源来帮助师生学习。有条件的学校还可以设立专门的环境教育活动教室。

2. 环境和可持续发展教育课程建设

课程是环境教育的重要载体，以课程为基础，加强环境和可持续发展教育，是创建绿色学校的核心内容之一。学校的课程包括显性的课程和隐性的课程。《中小学环境教育实施指南》中要求，要在各相关学科内容中渗透环境教育，同时要将环境教育作为一个跨学科的主题纳入综合实践活动课程，这指的是显性的课程。隐性课程部分可以通过下面的校园生态环境改善和校园文化和思想道德建设来开展。

《中小学环境教育实施指南》对显性课程的设计提出了具体的要求。学校要组织多学科教师共同研究开发课程，列出各学科的环境教育目标及相联系的教学内容，整合现有可用的教育教学资源并开发新的资源，通过各学科教师的协作开展环境和可持续发展教育。将课程内容与学生身边的、当地的、日常的环境相联系，鼓励学生自主学习，从不同的角度来认识、理解和分析环境问题，并针对现实中的环境和可持续发展问题开展研究性学习。

2016 年，联合国提出的可持续发展峰会《联合国 2030 可持续发展议程》，为今后 15 年实现 17 项可持续发展目标（SDGS），这些专题和内容关乎人类未来社会的社会经济和环境，也是人类命运共同利益，这也应成为绿色学校课程教学的重要领域和议题。

3. 校园文化和思想道德建设

学校要将保护生态环境、实施可持续发展的价值观念作为校园文化和思想道德建设的重要内容。通过校园文化建设和思想道德建设，不断增强全校人员建设资源节约型—环境友好型社会的责任心和使命感，增强资源忧患意识和节约意识，引导学生关注自身行为与生存环境之间的关系，树立科学发展观。

二、绿色学校的创建步骤

开展“绿色学校”创建工作需要遵循以下 6 个步骤，这些步骤是依据 P–D–C–A 管理循环模式来设计的，即计划（Plan）、执行（Do）、检查（Check）、行动（Act）。该循环由美国质量管理专家休哈特博士首先提出，由戴明采纳、宣传，获得普及，又称“戴明环”。

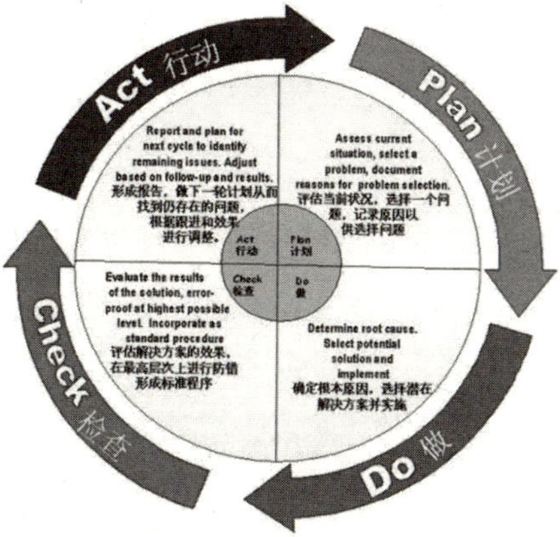

图 2–1　P–D–C–A 循环

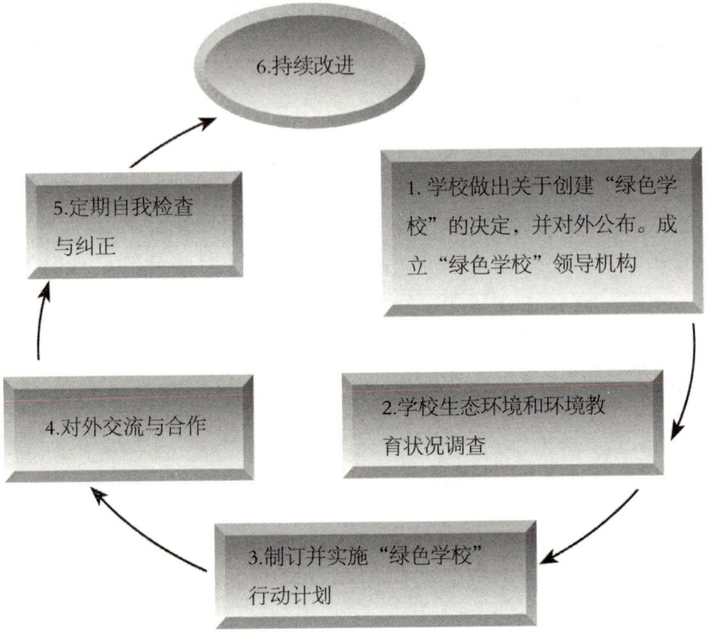

图 2-2 “绿色学校”创建步骤

1. 学校做出关于创建“绿色学校”的决定，成立“绿色学校”领导机构

当学校决定创建“绿色学校”之后，应形成学校正式文件，对外公布这个决定，并成立“绿色学校”组织管理机构，如设立“绿色学校”领导小组，来管理绿色学校建设的有关工作。机构成员需要包括学校各部门主要负责人，对环境教育热心的教师代表、学生代表，以及能够为学校创建绿色学校提供支持和帮助的家长代表、地方环境和教育官员、学校所在社区代表、校外的环境教育或环境保护与能源技术专家等，学生代表占领导小组成员半数以上（幼儿园的学生代表可适当

减少）。

为了管理工作能够具有权威性，并能够顺利开展，建议“绿色学校”领导小组负责人由校级领导担任，并从“绿色学校”领导小组中选择有较强组织协调能力的人员作为执行代表或绿色学校督导员，具体负责联络、协调、组织有关创建“绿色学校”的工作。还可以在学校的各个组成部门（如德育、教学、总务、档案等）分别成立专门任务小组。由绿色学校督导员负责协调各任务小组的工作，并向领导小组汇报。

学校将以上内容形成文件，向全校教职员工及学生公布创建“绿色学校”的决定。同时学校可通过当地媒体将此信息向社会公布，以得到学生家长、社区、媒体和有关机构的支持帮助。

2. 学校生态环境和环境教育状况调查

为制订切实可行的“绿色学校”行动计划，学校首先应对校内及周边生态环境及学校环境教育现状进行调查。调查过程包括：

（1）成立调查小组

调查小组以学生为主，领导小组负责人或绿色学校督导员参与并指导，调查过程职责明确。

（2）确定调查的内容和方式

调查的主要内容包括学校的校园生态环境和环境教育现状。校园生态环境现状包括校园各种资源和能源消耗情况、学校节能措施及效果、校园绿化美化情况、校园废物回收和处理情况、师生健康及公共卫生现状、学校周边生态环境现状及影响学校环境的因素等；环境教育现状包括各学科渗透环境教育的方式和效果、课外和校外环境教育活动的开展情况、教师参加环境教育培训和进行环境教育科研情况等。

调查的方式包括与有关人员交谈、学校现场考察、查阅有关档案记录等。同时可利用拍照、录像、录音等技术手段进行调查、收集数据，保证调查数据的客观性、准确性。应吸收学生参加调查小组，让他们通过具体的工作，增强意识和锻炼能力。调查小组成员要客观面对调查获得的第一手数据。教师既是指导者，又是合作者。有条件的话，可聘请校外有关人士进行指导。

为了便于学校开展调查工作，本书后的附表一给出了一般性的调查内容和方式，可供参考，学校也可以在此基础上根据自己学校的具体情况对调查表进行修改，使之可以施行。

（3）制订调查计划并实施

为了使调查工作顺利展开，并在预定时间内取得结果，调查组要根据调查的内容和方式，制订具体的调查计划，包括时间、地点、调查人、调查对象等。

（4）调查结果分析

调查小组最后将调查数据资料汇总、分析和讨论，明确目前存在的问题和解决问题的主要措施，撰写学校环境教育和生态环境调查报告，递交“绿色学校”领导小组作为计划和决策的依据。

3. 制订并实施行动计划

（1）制订计划

根据调查结果，创建“绿色学校”领导小组在人力、经费有保障的条件下，从课程渗透、课外和校外活动、学校环境管理、校园生态环境建设等方面的内容来考虑制订创建“绿色学校”的计划。

环境教育课程渗透

环境教育具有跨学科、综合性、与社会实际问题和学生个人生活联系紧密的特点。学校应参照教育部对基础教育改革的基本思路、教学大纲、课程标准及《中小学环境教育实施指南》等课程文件的要求，依据本校的特点，组织编写各学科渗透环境教育的教学方案，并协调各学科教师进行交流与合作，加强学校跨学科开展环境教育的能力，以及全校师生环境知识、意识、技能、价值观、参与能力的提高。

可充分发挥环境教育综合性和实践性的特点，利用中小学教学大纲中设立的综合实践课和研究性学习所提供的课程机会，拓展环境教育形式，在环境教育中增加实践内容，培养学生创新精神和实践能力。

环境教育课外、校外活动

《国务院关于基础教育改革与发展的决定》第 18 条指出："丰富多彩的教育活动和社会实践活动是中小学德育的重要载体。小学以生动活泼的课内外教育教学活动为主，中学要加强社会实践环节。"2000 年 11 月，科技部、教育部、中宣部、中国科协和团中央颁发《关于印发 2001—2005 年中国青少年科学技术普及活动指导纲要的通知》，提出了不同年龄阶段科普教育目标中有关环境教育内容的要求，根据学生现有知识，设计以学生为中心、围绕生活常见的现象和问题、以解决问题为导向的多种课外、校外和社区环境教育实践活动，促进学生环境道德和环保行为的养成。因此，在制订"绿色学校"行动计划的过程中，要根据上述要求，以环境保护和可持续发展为主题，设计一系列学生主动参与的各种课外、校外环保宣传和改善社区环境的活动。

学校环境管理

在制订"绿色学校"行动计划时，要关注校内对资源能源和校园环境的管理。可以围绕节纸、节电、节水、垃圾减量及回收利用，绿色消费等主题，同时参照国家和地区相关的水、大气、噪声、放射性等法律法规要求和健康、卫生等相关规定和要求，制定和完善学校环境管理制度，设计有益于校园环境改善的行动计划，减少校园污染物的产生，妥善处理学校的污染物和废物，符合相关的法律法规要求。

校园生态环境建设

在制订“绿色学校”行动计划时，要结合学校现有的自然生态条件，做出校园生态环境改善的计划。从校园绿化美化、保护本地物种、丰富校园生物多样性、增加学生接触生态、热爱自然的机会等方面入手，逐步改善校园生态环境质量。

除了以上方面，为了使“绿色学校”行动计划具有指导性和可操作性，应注意在行动计划中包括：

◇ 行动计划的目的及原因

◇ 具体行动内容描述

◇ 行动计划的实施时间和日程安排

◇ 执行行动计划的相关人员的组成和职责分工

◇ 行动计划的经费预算及分配方案

◇ 检查或考核行动计划落实情况的方法和要求

（2）实施计划

要使“绿色学校”行动计划能够有效实施，学校需要针对行动计划组织有关人员进行培训，准备开展行动计划所需的资源，并在行动计划实施过程中做好记录，为学校的自我评估和外部评估提供依据。

开展培训，加强教师能力建设

全校教职员工和学生是环境教育的推动者和改善校园环境的实践

者。全校人员环境知识、意识和能力与“绿色学校”建设成效密切相关。学校应积极组织或委托外部机构为学校全体人员提供各种环境教育培训机会，增强他们对“绿色学校”的理解和采取行动的能力。特别是从事环境教育的教师和校园环境管理的人员要组织专门的培训。

应通过对学校教师的培训，增强他们的环境科学基础知识、环境教育的理论、教学方法和设计组织环境教育课程的能力。应通过对学校管理人员的培训，使其掌握校园环境管理的基本方法和开展校园节能减排行动的有关要求和步骤。

准备开展行动计划所需的资源

根据每一项行动计划的具体内容，研究落实开展行动计划所需的资源，包括人、财、物和技术等。例如开展环境教育所需的学科教师、环境类书籍、报纸、期刊、音视频资料等专题教学资料或教学资源库、挂图、标本、计算机、实验仪器等教学设备和活动场地等；开展校园环境管理所需的专门技术人员、资金和设备；改善校园生态环境所需的场地、物种等。

在行动计划实施过程中做好记录

学校应该在建设“绿色学校”过程中，对有关的重要事项和成果做好记录。这些记录不仅有助于学校积累经验，从中发现问题，也是对进行“绿色学校”自我评估和接受外部评审的依据。

学校要结合“绿色学校”工作的重点和传统档案管理要求，建立“绿色学校”建设工作记录，规范记录的格式，并编制记录索引。建议考虑将以下记录纳入常规档案管理，但不限于以下内容：

◇ 创建“绿色学校”的决定、“绿色学校”行动计划；

◇ 学校开展的环境教育和节能减排项目和活动的实施报告、实施过程的资料图片、有关的新闻报道汇总、自我检查评估报告及总结等；

◇ 学校内部的环境教育、环境保护及节能减排等有关的规章制度文件；

◇ 围绕“绿色学校”工作所召开的各次会议的记录；

◇ 学校收集和开发的有关环境教育的图书资料、教案、多媒体软件、调查报告、课题研究报告、科研论文、书籍等；

◇ 学校建设“绿色学校”的有关宣传资料、问卷调查表、学生环保作品等；

◇ 校园环境保护设施的基础信息（如环境保护基础设施清单，年度能耗物耗总量等）；

◇ “绿色学校”建设工作所取得的成果记录，如设施改造、节能减排、生态环境改善的效果、环境教育的成果、学校作为集体或个人所得的有关环境保护和节能减排的奖励证明等；

◇ 学校管理者和教师参加“绿色学校”建设和环境教育等方面的培训记录和相关活动证明。

4.“绿色学校”对外交流与合作

学校应将“绿色学校”建设的有关信息，如决定、计划、行动方案及取得的经验和成果等，通过通信、简报、广播、电视、报纸杂志和互联网等不同的形式不断向学校内部和外部传播，让外部了解学校“绿色学校”建设过程。

学校还要安排有关责任人员，定期获取有关“绿色学校”建设、环境保护和环境教育的外部信息，特别要与各级“绿色学校”主管部门和人员建立联系。

学校要通过“绿色学校”平台，与其他的“绿色学校”、支持学校绿色创建工作的家长、各级环保和教育主管部门、媒体、研究机构的环保和环境教育专家、社会志愿者团体、企事业单位建立合作伙伴关系，争取更广泛的社会资源对“绿色学校”建设的支持。

5. 定期自我检查与纠正

为了使“绿色学校”不断发展，质量不断提升，学校应形成一套自我完善的机制。“绿色学校”领导小组应是学校自我检查与纠正的主体。自我检查与纠正可以从各部门做起，整体的协调和监督落实工作由领导小组完成。

应安排领导小组中的有关责任人员，根据所制订的“绿色学校”行动计划和工作进度安排，定期对“绿色学校”建设工作进行回顾与自我检查，及时发现问题、分析原因并予以纠正。

对于要开展的环境保护、节能减排和环境教育行动计划，学校应要求实施计划的责任人在行动计划完成后，向学校“绿色学校”领导小组提交实施报告，以促进行动计划的有效完成，并总结经验，提高下一次制订行动计划的水平。

学校最高领导层要结合每年的工作总结，针对“绿色学校”的管理工作进行评审，并提出下一步的改进计划。在迎接“绿色学校”外部评审之前，也可以预先组织一次自我评审。

6. 持续改进

绿色学校的建设是一个持续改进的过程。学校要按照策划—实施—检查—改进—再策划的管理方法，形成环境教育、环境文化、环境管理和环境绩效不断改善的良性循环机制，不断提高环境教育水平，丰富环境教育内容和形式，增强环境管理能力，在节约资源能源、校园生态环境建设和校园污染物排放等方面不断改善，产生良好的环境绩效。

此外，在开展绿色学校创建工作中要注重宣传，让学校在社会上起到示范作用，以一传千，带动更多的公众参与生态文明建设和促进可持续发展。此外，要强调以学生为主的全员参与，并做到信息公开，征求意见渠道畅通，让全校师生都能参与到绿色学校创建的过程及决策中。

第三节 绿色学校的评价

一、评价原则

绿色学校评价除应遵循科学性、整体性、公开公正、可操作等一般的教育评价原则外，对于开展融入环境管理体系思想的绿色学校评价工作，还应遵循以下几个原则：

1. 导向性与自愿性相结合的原则

自愿性是ISO14000标准的基本原则。现在，某些地方政府在推动绿色学校建设中的作用是有目共睹的，但不能忽视学校自愿参与的积极性，切忌搞“运动式创建”。在学校，也同样存在导向性与自愿性结合的问题，校方应更多考虑如何更好地调动学生的主动性，自觉自愿地参与到绿色学校建设中去。

2. 最终结果性评价与过程性评估相结合的原则

我国现在的绿色学校评价均采用目标评价的方法，即通过外部评审专家组在学校短短几个小时的实地考核，结合查看学校有关资料进行。这种办法，提高了评价工作的效率，但难以准确评价一所学校的环境教育效果，无法促进学校的环境教育保持长效机制。所以，通过评估方法的改变，适当考虑过程性评估的措施，可以使评估工作更准确。例如，某学校决定参与绿色学校建设，向主管部门提出申请开展创建，管理机构可以委派 2 名专家负责学校的经常性、阶段性创建指导和初步评估，当绿色学校建设工作开展一段时间后，再组织专家进行全面评估。

3. 一致性与差异性相结合的原则

ISO14000 系列标准考虑到各国的国情不同，没有为此设定绝对量，仅注重建立一个可以不断改进和完善的环境管理体系。这种思想应用于绿色学校的评估体系中，体现在其基本内容可以相同，并提倡自身特色，鼓励差异性的存在。各具特色的绿色学校将丰富学校的环境教育内容，提供更多可以借鉴的经验。

4. 接受评价与广泛参与相结合的原则

现在的绿色学校评价，学校师生仅以被评审对象的角色参与其中，实际上，广大师生比评审专家们更了解自己学校的不足，改变这些不足也必须依靠他们自己。转变师生们这种被动角色，对于促进学校环境教育的持续改进十分有益。同样，学校师生如何参与自我评价也值得重视。

二、指标体系

基于近十年的实践基础，经过国内权威环境教育专家的讨论研究，采用德尔菲法并结合专家评估经验，形成绿色学校评估指标，可作为各地绿色学校评估参考使用。

表 2-1　绿色学校评价指标[①]

一级指标	一级指标权重	二级指标	二级指标分值
A 办学思想	0.20	A1 办学思路与目标	10.00
		A2 规划与政策	10.00
B 环境管理制度	0.25	B1 组织与经费落实	6.35
		B2 持续改进与行动	6.15
		B3 师资建设	7.50
		B4 信息和档案建设	5.00
C 环境教育教学	0.25	C1 课程建设	8.06
		C2 专题教育	5.78
		C3 教育资源利用	5.78
		C4 教育成效	5.38
D 环境教育活动	0.15	D1 学生参与	5.54
		D2 宣传活动	3.35
		D3 环保监督	2.43
		D4 社区联系	3.68
E 环境设施运行	0.15	E1 资源节约与回收	4.50
		E2 食品与饮水安全	3.15
		E3 污染控制	3.89
		E4 建筑物与校园生态建设	3.46
特色加分			（5.00）

① 原环境保护部宣传教育中心《绿色学校指南（讨论稿）》，2009。

表 2-2　绿色学校评估指标细则①

一级指标	参考权重 Wi	二级指标	分值 m	评估标准	资料来源	重要资料形式要求	评估等级 n			
							n_1（1.0）	n_2（0.8）	n_3（0.6）	n_4（0.4）
A 办学思想	0.20	A1 办学思路与目标	10	·绿色学校建设思路合理、清晰，目标明确 ·能将绿色学校建设与学校可持续发展能力建设相结合	·各种办学文件、学校发展规划、校长讲话文稿等 ·学校主要领导参加国家级以上培训证明，发表的相关论文 ·关于学校发展历史的资料	培训说明表和培训后总结				
		A2 规划与政策	10	·有专门的绿色学校建设规划 ·有完善的环境政策 ·有健全的奖励机制，定期进行奖励	·绿色学校建设计划、规划和相关政策 ·有关奖励的文件和影像资料	1. 年度工作计划和实施报告 2. 建设规划报告 3. 环境政策报告 4. 绿色学校建设大事记				

① 原环境保护部宣传教育中心《绿色学校指南（讨论稿）》，2009。

（续表）

一级指标	参考权重 Wi	二级指标	分值 m	评估标准	资料来源	重要资料形式要求	评估等级 n			
							n_1（1.0）	n_2（0.8）	n_3（0.6）	n_4（0.4）
B 环境管理制度	0.25	B1 组织与经费落实	6.5	·绿色学校建设领导机构职责分明，工作形成制度 ·每年有计划地设立绿色学校建设专项经费 ·有其他途径的经费投入	·绿色学校建设领导机构名单及会议记录 ·绿色学校建设经费计划与使用资料 ·其他组织和个人的捐款、资源节约款的投入与使用证明等资料	1. 绿色学校领导小组构成图 2. 年度经费投入与使用统计表				
		B2 持续改进与行动	6.0	·初始环境回顾以及定期开展环境保护和环境教育的评估，提出合理的改进措施，效果好 ·学校各部门定期制订环境保护及环境教育行动计划，效果好 ·有切实可行的监测手段和评估方法	·环境保护及环境教育的初始评估和年度评估报告，环境保护及环境教育改进计划和措施 ·各部门及各项活动的工作计划和行动计划、措施和取得的成果	1. 初始评估和年度评估报告 2. 改进计划和实施报告				

（续表）

一级指标	参考权重Wi	二级指标	分值m	评估标准	资料来源	重要资料形式要求	评估等级n			
							n_1（1.0）	n_2（0.8）	n_3（0.6）	n_4（0.4）
B 环境管理制度	0.25	B3 师资建设	7.5	·师资建设有总体和年度计划、并按计划实施和取得好成绩	·师资建设计划 ·教师参加国家有关部门组织的绿色学校培训和学术会议；学校有计划地开展校内培训 ·教师公开发表环境教育论文及获得相关奖励	1. 培训说明表和总结 2. 邀请专家和绿色学校主管部门人员访问记录单				
		B4 信息和档案建设	5.0	·有畅通的信息交流渠道，师生能及时了解学校的环境状况及环境政策 ·师生提出的相关意见和建议被采纳 ·档案管理制度健全，资料完整，符合档案建设要求	·信息交流的有关文件、各种媒体资料等 ·师生提出的改进意见和建议被采纳的有关资料与图片 ·档案资料	1. 信息交流主题、方式和效果统计表 2. 档案文件总目录				

（续表）

一级指标	参考权重 Wi	二级指标	分值 m	评估标准	资料来源	重要资料形式要求	评估等级 n			
							n_1（1.0）	n_2（0.8）	n_3（0.6）	n_4（0.4）
C 环境教育教学	0.25	C1 课程建设	8.0	·各门课程有计划地按教育部门的有关要求，完成了教材中渗透的环境教育内容，效果好 ·有整合各学科的全校环境教育计划，并有适合这一计划的教育途径和教学方法 ·开展环境教育的校本课程建设，并将绿色学校建设内容纳入课程中，取得良好成绩 ·研究性学习中环境内容应达到成果的 30%，并有较好成效 ·教师开展环境教育研究取得显著成果，公开发表相关论文和获得市级以上奖励 3 篇（次） ·开设了专门的环境课程（高中）	·教学计划、科组计划、环境教育计划等 ·教案、教材、试卷和成绩单、教学评估资料、教学研究论文等 ·研究性学习成果，学生学习心得等 ·获奖证明等	1. 学校环境教育总计划 2. 教学计划、教材（校本教材）、教学质量评估等材料 3. 教学研究论文 4. 师生的获奖证明及统计表				

（续表）

一级指标	参考权重Wi	二级指标	分值m	评估标准	资料来源	重要资料形式要求	评估等级n			
							n_1（1.0）	n_2（0.8）	n_3（0.6）	n_4（0.4）
C 环境教育教学	0.25	C2 专题教育	6.0	·按要求完成教育部《中小学环境教育专题教育大纲》的教育任务，教育内容和方法符合学生年龄特点	·专题教育计划、教案、教材、教学评估等 ·专题教育取得的成果	专题教育计划、教案、教学质量评估等材料				
		C3 教育资源利用	6.0	·充分利用校内外资源开展环境教育，生物园、地理园等教学场所应符合教育部门要求，在教学中发挥良好作用 ·建设校外环境教育基地，定期开展活动	·校内生物园、地理园、校园网、闭路电视、广播、黑板报、宣传栏等相关资料 ·校外环境教育基地、社区资源等共建协议、开展活动的证明材料					
		C4 教育成效	5.0	·单位或个人取得了市级以上的环境教育奖励 ·师生环境意识强，环境素养良好	·单位、个人获奖证明 ·师生环境意识测评结果 ·学校师生环境行为	获奖证书及统计表				

（续表）

一级指标	参考权重 Wi	二级指标	分值 m	评估标准	资料来源	重要资料形式要求	评估等级 n			
							n_1（1.0）	n_2（0.8）	n_3（0.6）	n_4（0.4）
D 环境教育活动	0.15	D1 学生参与	5.5	·学生参与绿色学校建设，参与率达 90% ·学生环保活动小组或环保社团定期开展活动，有一定的社会影响	·学生参与率统计结果 ·学生环保组织机构名单、年度活动计划、总结和音像资料 ·相关报道	1. 学生参与绿色学校建设活动统计表 2. 学生环保组织机构名单、活动记录、照片及说明				
		D2 宣传活动	3.5	·有计划地开展环保节日及日常的宣传活动，每年均举办全校性活动 ·定期（每年不少于两次）发行环保刊物	·环保宣传教育活动计划、总结及音像资料 ·环保刊物	开展环保活动统计表、计划和总结（附照片）				
		D3 环保监督	2.5	· 学生参与学校和社会环保监督取得成绩	·参与环保监督实例					

（续表）

一级指标	参考权重 Wi	二级指标	分值 m	评估标准	资料来源	重要资料形式要求	评估等级 n n_1（1.0）	n_2（0.8）	n_3（0.6）	n_4（0.4）
D 环境教育活动	0.15	D4 社区联系	3.5	·有目的地选择与学生家庭、其他学校、所在社区和其他组织建立良好的联系，定期开展环境教育活动，成绩显著	·与校外组织或学生家庭建立联系的证明、活动计划和总结、成果和音像等资料 ·绿色学校主管部门人员访问与交流 ·社会对学生环保活动的评价	1. 活动计划和总结（附照片） 2. 活动次数、成果统计表				
E 环境设施运行	0.15	E1 资源节约与回收	4.5	·资源节约设施运行良好 ·有完善的垃圾分类回收系统并运行良好	·节能、节水、节电、节纸等设施 ·垃圾分类回收系统运行资料	1. 学校节能、节水、节电和节约其他资源报告（其中包括各种统计表格） 2. 垃圾分类回收系统照片、记录和说明				
		E2 食品与饮水安全	3.0	·学校销售的各种食品及食堂饭菜安全可靠 ·有安全可靠的饮水系统，并运行良好	·学校食堂、小卖部等 ·学生饮用水系统	学生饮用水供应说明				

（续表）

一级指标	参考权重 Wi	二级指标	分值 m	评估标准	资料来源	重要资料形式要求	评估等级 n			
							n_1（1.0）	n_2（0.8）	n_3（0.6）	n_4（0.4）
E 环境设施运行	0.15	E3 污染控制	4.0	·学校的污染控制达到有关要求 ·较好地处理了全部有毒物质	·学校食堂、实验室、垃圾处理站、教室、生活污水排放、医务室等	污染控制说明材料				
		E4 建筑物与校园生态建设	3.5	·主要设施充分考虑了环保和师生健康的需要 ·校园清洁卫生 ·校园建设环境好，符合生态要求	·教室、办公室、图书馆、实验室等 ·校园环境	校园建设照片和说明（包括清洁卫生、绿化、建设物中环保健康措施等）				
特色加分	5 分	特色内容：绿色学校建设思想和模式；课程建设模式，教学内容与教学方法改革；环境教育活动；传统文化的传承等。特色条件：开展活动时间在 5 年以上；取得显著的成绩；在社会上有一定的知名度；得到同行和专家的认可。				特色总结				

三、评估内容

1. 办学思想

办学思想反映出一所学校贯彻执行国家教育方针，定位本学校的总体发展目标。本指标鼓励学校办学思想中包含“绿色”成分，即在促进可持续发展，积极开展素质教育的基本思想指导下，重新定位学校人才培养目标和办学思路，并根据办学思想，规划绿色学校建设，制定学校环境与可持续发展政策。学校办学思想是否有明确的“绿色”成分，考察的是学校领导对可持续发展战略和教育生态化的认识，以及对绿色学校建设的重视程度。当然，其他各项指标也可以侧面反映学校办学思想与发展战略的合理性。

（1）办学思路与目标

反映绿色学校的建设思路和目标的主要内容包括学校领导根据可持续发展思想所提出的办学思想；学校环境和环境教育目标。具体反映在学校的各种文件、领导的培训、发表的相关论文等方面，体现在学校管理水平和绿色学校建设成效上。例如，广州市一所绿色学校提出的办学思想和目标是：“培养人文精神、增强科技技能、确立绿色意识。”

绿色学校建设是学校自身可持续发展能力建设的重要组成部分。学校可持续发展能力建设包括一个长效性运行机制的建设、科学发展观和可持续发展教育理念的树立、全校师生凝聚力的形成、校园教育环境的改善等。这是一项综合内容，学校可以自主决定选取哪些支持材料，并通过文字予以说明。

（2）规划与政策

规划是学校发展的方向和依据，学校在制定规划时应充分考虑绿色学校建设内容，有明确的目标和措施，并制定专门的、注重持续改进的绿色学校建设规划内容，以便保证绿色学校建设的不断改进和持续发展。为了完成所提出的规划，学校还应有相应的年度计划。

环境政策是学校“绿色”办学思想的具体体现，包括制定的一系列有益于环境保护和环境教育，促进绿色消费，强调持续改进的方针、规章、制度等，如全校环保行为承诺、学生环保行为规范、节约用水的措施、控制噪声、节能、节水的规定、生态园使用和管理规章，鼓励师生参与绿色学校建设的奖励机制等。特别要指出的是，本指标所指的“环境政策”是反映学校环境保护和环境教育的一系列政策、文件、规章和制度，而非仅仅是一个高度概括的政策指向，这与香港绿色学校项目所提出的“环境政策”有所区别，例如，香港一所绿色学校的环境政策是：

学校做出以下承诺：

◇ 在本校范围内推进有效的环保措施

◇ 尽量节省能源及用水

◇ 尽量减少废物的产生，并尽量回用或回收废物

◇ 把保护环境加入日常教学中

◇ 将环境政策（方针）及环保措施公开

上面的“环境政策”可以称为“环境方针”，它应该广泛发布，使全校师生和社会所了解，而评估指标所指的“环境政策”则是具体化的“环境方针”的规章制度等。

2. 管理制度

参照ISO14000系列标准体系的要求，在进行绿色学校建设中，学校应逐步形成和完善环境管理体系，并保持其不断发挥作用，为此，必须有专人负责环境管理体系的建设和运行，及时与校长和各部门领导沟通。学校的环境教育应纳入环境管理体系内容之中，各类工作分解到各职能部门具体负责。评估指标所指的“学校环境管理体系”与ISO14001有所区别，但思路是一致的，主要要求为管理的制度化和规范化，其中应重视有关持续改进方面的内容。

（1）组织与经费落实

学校应成立绿色学校建设领导机构，其机构负责人必须由正校长担任，成员可由其他校领导、各部门领导、主要教师、学生和学生家长、社区有关人员、环境保护NGO组织和政府机构的管理人员等组成。领导机构中的成员要有明确的分工和职责，工作形成制度，定期研究和布置任务，定期进行总结和评估。

学校计划中应有绿色学校建设的总投入，在年度经费计划中要有专项经费计划，并占一定比例，尤其要注意在“软”“硬”两方面的经费投入比例。资金的投入是保障绿色学校建设的关键，学校要根据自身能力，分期投入，合理使用经费。此外，学校还可以从其他途径积极寻求资金支持，包括学校资源节约中的资金再次投入绿色学校建设中、其他组织和个人的捐款等。

（2）持续改进与行动

学校在进行绿色学校建设初期和过程中，应开展环境评估工作，了解存在的问题和建设成效。环境评估包括两类：一是初始环境评估；

二是定期的环境评估，前者是在学校开展绿色学校建设开始时进行的，后者一般每年评估一次。环境评估内容包括两个方面，一是学校的生态环境因素；二是学校的环境与可持续发展教育。评估应从学校的各个部门和各个环节入手，找出存在的问题，并提出改进措施。在进行学校环境评估时，必须形成文字材料，并按要求归档，以便今后对所做工作的改进情况进行总结。学校应形成制度，每年写出环境保护和环境教育工作评估和总结报告，其报告内容应与学校计划和前期评估报告相符，以保证绿色学校建设持续改进。此外，学校还应针对可能发生的环境事故提出应急措施并具体落实到位。

为落实学校发展战略和环境政策，学校各部门既可按年度制订行动计划，也可就某一项工作制订行动计划，行动计划包括目标、依据、内容、保障措施、人员安排、进度等内容。同时，为了保证行动计划达到预期目标，还应提出监测、评估的方法和具体安排。

（3）师资建设

师资建设内容包括有计划地鼓励教师参加各层次的环境可持续教育培训和交流，培养环境与可持续教育骨干教师并取得研究成果，注意培养青年教师和人才引进，定期开展环境可持续教育校内培训和交流，为从事环境可持续教育的教师提供有利条件等。本指标具体要求学校参加有关部门组织的绿色学校培训和学术会议，不认可一些与环境教育和绿色学校无关的培训和会议；有书面的师资建设计划和实施报告；有相关的成果证明等。关于教师公开发表的相关论文和获奖，只作为本指标的辅助评估材料，具体评估在“课程建设”指标中进行。

（4）信息与档案建设

学校应建立畅通的校内外信息交流渠道，以保证校长与各部门、部门与部门、部门内部、教师与学生、领导与师生的信息交流正常，使各种信息及时反映到有关部门与人员，发扬民主，鼓励参与。信息交流的渠道有多种，如文件、报告、建议和意见书、媒体、网络、会议等。信息交流应有书面的程序要求，并为全校师生所了解。有师生提出的绿色学校建设意见被采纳的实例。

学校必须重视档案建设工作，注意对绿色学校建设各项工作的记录和收集。记录是指与绿色学校建设有关的任何一项工作的原始资料，包括日志、计划、总结等，形式包括文字、音像、照片、取得的成果等。为保证每项工作都能为他人所用，为后人查阅，以及为评估所用，学校应制定有关规章制度，提出相关材料的归档程序，并有专人负责档案建设工作。

3. 环境教育教学

环境教育教学工作是绿色学校建设的重要内容，学校应根据国家教育部门的有关规定，包括学科渗透要求、《中小学环境教育实施指南（试行）》《中小学生环境教育专题教育大纲》等，在学校教学工作中积极开展环境教育，通过各种教学途径实现学校环境教育目标，提高全校师生的环境素养，促进绿色学校建设。

（1）课程建设

渗透式环境教育即是在学校各学科，与环境有关内容处开展环境教育。通过课程渗透环境教育长期以来是中小学开展环境教育的主要途径之一，国家教育部也在中小学主要课程的教学大纲中提出了有关环境教育内容的要求。学校各学科组应按相关要求完成环境教育教学内容，并做到定期研究、有计划、有要求，渗透内容正确无误，不要牵强。同时，根据我国基础教育环境教育的发展，学校应按照教育部2002年颁发的《中小学环境教育实施指南（试行）》的要求，逐步实施和完善自身的环境教育内容，制订全校性环境教育教学计划。在综合课程中，积极开展环境内容的研究性学习，并考虑兼顾各学科的学习内容，要求环境内容的研究性学习比例占30%以上。教师积极开展环境教育教学研究，公开发表论文和获得奖励3篇（次）。学校不仅要很好地完成教育部门的要求，还应有整合各学科的环境教育计划，开展环境教育校本课程建设，有高中部的学校，要求开设环境教育选修课程。

（2）专题教育

本指标要求学校完成环境教育相关内容和教学时数。教学内容要符合学生的年龄特点，并做到有计划、有总结、有评估、有研究成果。学校可结合校本课程的开发来完成专题教育和校本教育。

（3）教育资源利用

教育资源包括校内和校外两部分，校内有生物园、地理园、实验室、图书馆、广播电视、学校刊物、黑板报等；校外包括所在社区环境教育基地等。要求学校很好地利用校内环境教育资源，按教育部门标准建立生物园、地理园等。同时，积极开发和利用校外环境教育资源，至少有一处校外环境教育场所（基地），并有计划地开展活动，对各项活动进行总结、评估，取得显著成绩。

（4）教育成效

环境可持续发展教育成效主要体现在通过绿色学校建设，提高全校师生的环境素养。环境素养由学校师生的环境意识和环保行为两方面反映，环境意识高低可通过问卷调查、查阅学科考试中的环境保护知识、座谈、考查学生解决环境问题能力等途径获得；环保行为则通过学校的《学生环保手册》、座谈和具体的环保行为观察等途径获得资料。学校获得的有关环境方面的奖励也是环境教育成效的具体内容，主要以单位或个人获得的相关奖励为主。

4. 环境教育活动

环境教育活动主要是指课堂外的环境教育，包括学校的环保宣传活动、学生环保社团活动、环保监督和学生与社区共同开展的环境教育活动等，它应该与环境教育教学活动形成良性互动，共同促进绿色学校建设。

（1）学生参与

学校应提供学生参与绿色学校建设的途径，并制定有关政策，鼓励学生积极参与其中，例如，定期开展全校性的环境教育活动，组织学生参加学校环境审计和校园环境建设，奖励发现学校环境保护和环境教育不足和提出改进办法的师生等。考核学生参与程度的办法有多个，例如，学生参与人数统计、活动计划、学生参与后所写的感想或总结、学生的陈述报告、随机的访问、外部评价等。

学校应有专门的学生环保社团（中学）和活动小组（小学），定期开展活动，做到有计划、有实施、有记录、有总结，并取得成绩，在学校和社会上有一定影响。

（2）宣传活动

宣传活动包括环保节日和日常环保活动两部分，本指标要求学校在开展活动时，做到有计划、有实施、有总结。一般要求学校结合主要的环保节日，如“世界环境日”“地球日”“植树日”“粮食日”“生物多样性日”等开展形式多样的活动。本指标未提出有关环保节日活动上的数量要求，其目的在于鼓励学校重视活动所取得的实效。

为了更有效地宣传学校在环境教育方面所做出的努力，学校需要创办自己的环保刊物，介绍学校环境教育和绿色学校建设情况，传播环境知识，分享师生环境保护经验等，同时，环保刊物要在学生中有一定影响力。

（3）环保监督

环保监督是为了发挥学校师生的作用，减少和纠正影响环境的不良现象和行为，尤其是对影响学校环境安全和学生身心健康的不良因素应采取及时而坚决的行动，环保监督也可根据情况扩展至学校周边环境，寻求有关部门和各种媒体的帮助。在此过程中，学校应积极进行环境教育，鼓励师生参与，争取环境问题的解决。成功可以鼓励学生，失败也要向学生分析原因，使他们了解真实原因，无论环保监督是否成功，都应有总结研究报告加以说明，取得的成绩可以是解决了环境问题，也可以是未解决问题，重要的是全校师生在此过程中接受了生动的行动体验的环境教育。

（4）社区联系

学校应根据具体情况，选择与学生家庭、其他学校、所在社区、企事业单位、环保非政府组织和其他组织建立有良好的联系，共同就关心的环境问题开展活动，并取得成绩。与社区有关组织的联系不一定太多，而要注重实效，并注意保存协议、计划、实施报告、媒体报道、照片等相关资料。根据国家绿色学校评审要求，学校应加强与绿色学校主管部门的联系，得到他们的支持与帮助，及时把握绿色学校发展方向。

5. 环境设施运行

校园环境设施主要指学校建筑物、污染控制设施、绿化、美化等。这些设施都会对环境产生影响，而要减少学校对环境的影响，就要努力完善校园环境建设的各个方面。

（1）资源节约与回收

学校的资源主要包括水、电、煤、气、教学用具、办公用品等，学校应制定有关节约资源的规章制度，提出具体的措施和奖惩办法；鼓励环保采购、雨水利用和使用清洁能源等；学校应有监测的手段和办法，包括原始数据的分析结果，用以评估资源节约的效果。尤其要鼓励学生参与，定期对资源节约工作进行总结，提出改进措施。

资源的节约与回收系统，首先是资源减量化，其次是资源回收和循环利用。学校应制定相关规章制度，努力减少资源的消耗，并建立完善的垃圾分类回收系统，将节约的责任落实到部门与人；鼓励开展有机垃圾的堆肥；资源回收所得资金应用于环境教育或学校环境建设；开展有关培训和宣传活动，并通过学生影响家庭和社会，取得成绩。

在评估中，结合学校环境管理制度建设，对其资源节约和回收系统运行进行考查。

（2）食品与饮水安全

本指标要求学校销售的各种食品及食堂饭菜安全可靠，并有鼓励学生和有关人员绿色消费的具体措施，如要求积极采购绿色食品，少用一次性用品等。学校有安全可靠的饮水系统并运行良好，其质量和指标符合卫生部门的要求，并有相关凭证。采取各种措施鼓励学生多喝水，少喝饮料。

学校污染包括：生活废水、生活垃圾、建筑垃圾、锅炉废气、油烟、医务室废物、实验室废水、实验室废气、噪声等。对学校的污染控制应满足或高于当地和国家环保要求，生活废水排入城市下水道，实验室废水应经过简单处理后排入下水道；属于危险废物的垃圾、医务室废物和实验室废物，应按有关规定集中处理；生活垃圾和建筑垃圾由城市管理统一回收；锅炉应有除尘设备，油烟、噪声得到有效控制。校内工程建设和装修符合环保要求，污染物排放达标。学校要积极配合环保部门，制定政策、采取措施，控制污染。

（3）建筑物与校园生态建设

对建筑物的环保和健康要求包括采光、通风、教室桌椅、班学生人数、办公室环境、供暖等方面，学校在建设新的建筑物或老建筑改造时，尽量考虑到环境保护和健康要求，以绿色设计思想为指导，营造良好学习环境。

校园生态建设包括校园清洁优美、布局合理、绿化等，其建设要求应符合生态规律的要求，而不仅仅从美化角度进行建设。例如，校园可绿化地均全部实施了绿化，且选择了适应当地气候、土壤、环境等条件的植物品种；室内摆放了适当而又美观的植物等。

6. 特色

◇　环境管理

◇　教育模式、人才培养计划

◇　学科、课程建设，教学内容与教学方法改革

◇　环境教育活动

◇　传统文化的传承

◇ 其他条件：开展活动时间在 5 年以上；取得显著的成绩；在社会上有一定的知名度；得到同行和专家的认可。

第三章

看一看：绿色学校的“梁与柱”

第一节　环境教育课程设计

党的十九大号召加强生态文明建设，要求推进绿色发展，开展创建节约型机关、绿色家庭、绿色学校、绿色社区和绿色出行等行动。在 2018 年全国生态环境保护大会上，习近平总书记更强调，生态文明建设是关系中华民族永续发展的根本大计。

联合国《2030 可持续发展议程》提出了 17 项人类可持续发展的远景目标。落实可持续发展议程是当前国际社会发展合作的共同任务也是国际社会的共同责任。新时代学校环境教育需要回答的重要问题是：如何为实现“美丽中国”的民生福祉提供创新人才。而环境教育课程是学校环境教育的根，创建体现时代特征、以学习者为中心、有逻辑的、关注地方环境问题的课程体系，是生态文明和绿色发展理念在学校生根发芽的“苗”。

一、学校环境教育课程设计的难点

1. 图谱化的课程设计

当前，学校环境教育设计的一个重要问题是课程的碎片化，基于学校个别教师的环保热情或基于学生社团的环保活动等而衍生的课程，都缺乏系统设计与思考，诸如环境教育课程与学校办学理念之间有何关系？横向上环境教育课程与其他类别课程之间有何关系？纵向上如何保持环境教育的整体连贯性？开展图谱化的环境课程设计，构建持久给养的学校环境教育体系，是解决碎片化环境教育课程现状的方向与路径。

2. 学习者参与的课程设计

目前，众多学校在环境与可持续发展教育课程设计方面有着值得借鉴的做法和经验。一些学校已经告别环境教育专题校本课程设计的1.0时代，开始思考与办学理念衔接的课程架构，并在专家引领下形成了具有一定逻辑关系的2.0课程，这些课程有着较强专业性和逻辑性，而这些课程还需要突破与超越的一点，是如何从学习者实际需求出发建构课程并赋予其更多思考与体验参与的空间。

3. 问题解决导向的课程设计

环境教育在引导学习者全面看待环境问题，培养学习者的社会责任感和解决实际问题的能力方面起着重要作用。学校环境教育中以问题解决导向的环境教育课程设计，将在改进知识导向的课程设计观，为教育深综改提供创新路径，在绿色社会建设中发挥积极作用。

二、学校环境教育课程设计的基本理念

1. 生态文明与可持续发展价值导向

十九大报告对生态文明和绿色发展观进行了系统阐述，其理念契合《联合国2030年可持续发展议程》。可持续发展的中国智慧体现在:

生态兴则文明兴、生态衰则文明衰的深邃历史观；人与自然是生命共同体的科学自然观；绿水青山就是金山银山的绿色发展观；良好生态环境是最普惠的民生福祉的基本民生观；统筹山水林田湖草系统治理的整体系统观；实行最严格生态环境保护制度的严密法治观；全社会共同参与的全民行动观；建设清洁美丽世界的共赢全球观。新时代环境教育课程设计需将生态文明与可持续发展理念作为课程重要价值导向。

2. 生态公民育人导向

面向可持续发展的环境教育是帮助学习者形成可持续发展需要的科学知识、学习能力、价值观念和思维方式与生活方式，进而参与绿色社会建设的生态公民教育。环境教育课程强调学习者在亲身体验中发现和创造知识；在解决现实环境问题的过程中发展创新能力及批判与反思能力；在参与中增进交流与理解，形成正确的环境价值观；促进学生社会实践能力的发展，形成与环境和谐相处的健康的生活习惯，增强积极参与有关环境和可持续发展决策与行动的意识。

3. 关键问题导向

基于学校办学理念、地理环境与地域文化、课程需求、师生现状，清晰把握学校课程类别与结构，建构与之相对应的社会场馆及专业机构，持续为师生提供课程给养，真正实现学生提出有价值的研究问题，开展有意义的专业探究，形成有前瞻性的研究成果，为学习者参与绿色发展和关注并解决当地可持续发展实际问题构建课程通道。

三、学校环境教育课程的学习目标与内容

1. 总目标

面向可持续发展的环境教育课程旨在引导学生关注家庭、社区、国家和全球面临的环境问题，正确认识个人、社会和自然之间相互依存的关系；帮助学生获得人与环境和谐相处所需要的知识和技能，养成有益于环境的情感、态度和价值观；鼓励学生积极参与面向可持续发展的决策与行动，成为有社会实践能力和责任感的生态公民。

2. 学习目标与内容

中国政府将《联合国2030年可持续发展议程》与中国国情有机结合，在落实国际议程和国内战略进程中相互促进，2017年8月中国政府制定发布了《中国落实2030年可持续发展议程进展报告》总结落实2030年可持续发展议程的经验，注重经验协调、注重规划引导与中国中长期发展规划，突出一些重点领域的推进。将17项可持续发展目标转化为我国经济、社会、环境等领域的具体任务。比如经济领域制定了《国家创新驱动发展战略纲要》《全国农业可持续发展规划（2015—2030年）》《国家信息化发展战略纲要》；社会领域出台了《中共中央国务院关于打赢脱贫攻坚战的决定》《“健康中国2030”规划纲要》；环境领域编制了《中国生物多样性保护战略与行动计划（2011—2030年）》《国家应对气候变化规划（2014—2020年）》等。由此，参照国际可持续发展教育学习目标，构建中国环境教育与可持续发展教育的学习内容体系与目标框架，是学校教育落实生态文

明与绿色发展的时代创新路径。

四、环境教育课程的创新实施

1. 学科融合

学科教学中实施环境教育是将生态文明理念融入教育主流的最佳路径，也是学校实践中最具有活力的实施路径。学科融合环境教育的基本特征和操作要点是：第一，以生态文明与可持续理念提升学科教学的内涵与品质，帮助教师在学科教学基础上丰富人文精神教育；第二，以可持续原则更新教与学方式，对课前—课中—课后进行一体化设计，对教与学进行同步设计，帮助教师在教学中赋予学生更多的探究空间和参与机会；第三，以学科视角分析地方环境问题与可持续发展问题，帮助教师在教学中培养对他人、对社会、对自然的责任与实践能力。

教学案例：水的净化

【案例背景】

本课例教学内容是北京版《化学》九年级上册第四章第一节《水的净化》，本章内容一共包括三节，从知识上可概括为“净水”→“水的组成”→“水资源开发利用”，水的净化这部分知识充分体现了从自然到化学，从化学到社会的理念，同时也为后续溶液、酸碱盐、水的处理学习奠定了基础。

【案例实施过程】

课前预习探究：

1.在网络、资料、书籍中查阅有关水的分类、水的分布、分离方法、水的净化等相关信息；2.如何野外取水，采取什么措施才能饮用？原理是什么？

课中合作探究：

以实验探究和设计仪器的方式使学生逐步形成自主的实验和分析能力。

实验探究1：净化水的原理和方法。符合学生认知发展规律的水的净化探究，从大颗粒去除、小颗粒吸附、有色物质吸附、蒸馏等操作，逐步完善对水的净化的理解。

实验探究2：体验水的硬度测定实验。体会水有硬水、软水之分，并分析优劣，学会消除和减小危害，介绍可溶性离子的去除方法。

实验探究3：根据所学自行设计简单净水装置。

课后应用探究：

课后作业：探究4：自制净水器净化潞园的协和湖水。

【案例点评】

北京通州区潞河中学的某老师在化学学科实施环境教育的功力体现在：第一，将化学教学内容与可持续发展问题结合，并能将其转化为学生身边可感知的真实问题；第二，基于化学专业素养，设计可行的、有思维含量的探究问题，教与学层层深入；第三，教学有价值、有品位，责任担当自在其中。本课将水的净化与潞园湖水净化结合，课上层层递进四个探究实验：从海外取水方法探究展示、水净化原理实验、水硬度探究、自制净水器对学校潞园水质进行净化前后对比，其教学有着思维深刻性、内容鲜活性与社会责任感。

2. 跨学科学习

跨学科学习从真实问题出发，在解决问题的过程中灵活运用各学科知识，使学习与实际生活密切相关，满足了学生的认知需要，提高了学生运用多门学科知识解决真实环境问题的能力，增加了学生对社会和未来的适应性。跨学科实施环境与可持续发展教育课程的操作要点是：第一，确定环境教育的主题，通过与相应领域专家沟通及文献研究，了解该主题的前沿发展以及值得关注与探究的核心问题；第二，确定核心问题与学科的关联性，并将其分解为学科探究问题；第三，实地体验与探究，在学科教师指导下运用学科原理解决学科探究问题；第四，从学科分解问题整合，形成解决环境教育相关主题核心问题的方案。

3. 活动仪式学习

充分发挥全体教师和学生的智慧与才干，周密策划自己的环境教育节日与活动，将学校的环境教育课程通过一个个校园节日、班团队活动、社会实践活动展现出来，环境教育仪式与内容设计，将成为学生终生难忘的课程记忆。

五、环境教育课程的评估建议

环境教育课程评价主要包括对学生与环境有关的学习方式、知识和能力、情感、态度和价值观的评价，对教师环境教育教学设计、组织和实施的评价，对学校环境教育课程设计与实施的评价。

1. 对学生环境素养的评价

需要观察学生在环境中的行为表现，分析学生有关环境问题的口头和书面表达。要观察学生的参与情况，在日常生活中考察其对环境问题的关注程度，通过各种形式的发表和交流活动让学生陈述其有关环境的观点并阐述理由。

评价者需要直接观察学生在提出问题、收集和整理信息、制订和实施行动计划、反思和评价等过程中的表现；评价者可指导学生在环境研究和环境保护等活动中记录各自的参与状况、感受与收获，使之成为一项评价依据；评价者还可以采取情景测验方式，让学生对虚拟的环境问题提出解决方案和行动计划。

2. 对学科实施环境教育的评价

各科教学设计和教学评价的相应部分含有环境教育与可持续发展教育的要求和学习内容。

各科要符合本学科的特点，突出本学科对环境教育的独特贡献。

各科在实施环境教育的过程中和本土环境与可持续发展问题建立联系，为学生提供问题解决的真实场景。

3. 对学校环境教育课程的评价

环境教育课程是否与办学理念紧密关联；

环境教育课程是否以学习者为中心，最大限度给予学生参与空间；

环境教育课程是否关注本土环境与可持续发展问题，并对问题解决进行系统引导。

第二节　校园环境管理

一、校园环境管理的概念

校园环境管理的概念源于环境管理在学校中的应用。

环境管理是指运用经济、法律、技术、行政及教育等手段，限制（或禁止）人们损害环境质量的行为，鼓励人们改善环境质量；通过全面规划、综合决策，使经济发展与环境保护相协调，达到既能发展经济满足人类的基本需求，又不超出环境容许极限的目的。

建立环境管理体系（EMS）是国际标准化组织为实现可持续发展而制定的ISO14000系列标准的要求，是“整个管理体系的一个组成部分，包括为制定、实施和评审保持环境方针所需的组织机构、规划活动和管理过程”。ISO14000系列标准的特点包括自愿性和灵活性，要求组织活动的全过程管理，强调全员参与和行动，注重持续改进等，它体现了环境保护预防为主的原则。

在ISO14000系列标准中，以环境管理体系标准（ISO14001—14009）占有主导地位，其中环境管理体系——规范和使用指南（ISO14001）是主体标准，也是可进行第三方认证的标准。它规定了组织建立、实施并保持的环境管理体系的基本模式和17项基本要求，这一基本模式和要求所体现的良好管理思想正是“绿色学校”进行校园环境管理可借鉴的。

一个组织建立环境管理体系需要投入许多人力物力，需要建立一整套包括环境管理方案、程序、规范等在内的环境管理体系文件。如果学校希望并能够按照 ISO14001 的要求来建立本校的环境管理体系并运用审核，将是进行绿色学校创建的良好措施。

校园环境管理就是通过行政、环境教育、技术和经济手段在校园内有效控制资源和能源的使用、再利用以及循环使用，提高校园环境质量，提高资源和能源的利用效率，提高师生员工的环境素养。

通过有效的校园环境管理，优化资源、能源投入和减少废物排放，最终可降低成本，有效节约教育经费；降低环境污染，改善师生工作与学习的环境，增强师生环境意识，提高师生员工的综合素质；促进校内各部门之间沟通交流机制的建立，明确学校各级管理人员的责任分工，长期有效地改善学校的组织管理工作水平，提升学校社会形象；改善学校的工作和学习环境，减少安全隐患，使师生员工在健康安全防护方面得到改善；促进学校环境与可持续发展教育教学成果的积累，提高学生的主人翁意识和参与社会实践活动的能力，同时提高师生员工环境素养等多方面的效益。

1. 开展校园环境管理，需具备以下必要条件

（1）改善的意愿

许多措施都非常简单，易于理解。这些措施不需要特别的技术能力，但需要有为准备实施改善而积极工作的人员。

（2）物质与技术准备

引入校园环境管理的方法不需要大量投资，为了实施各项改进措施，学校也需要有适当的资金投入、物质准备和技术支持。

（3）问题意识

对学校来说，师生员工能够及时发现问题，提出解决办法是十分重要的。

（4）收集和传播信息

收集学校内部的信息并保障学校内部信息交流渠道的畅通，是制定改善措施的重要前提。

（5）校园文化

进行校园环境管理还与学校的自我改善意愿和建设资源节约型和环境友好型校园的积极性紧密相连。学校调动学生及全体教职员工积极参与，将会使推行校园环境管理工作更容易进行。在实施校园环境管理的过程中，学校可以不断塑造并完成自身的环保与节约的校园文化。

2. 开展校园环境管理的步骤

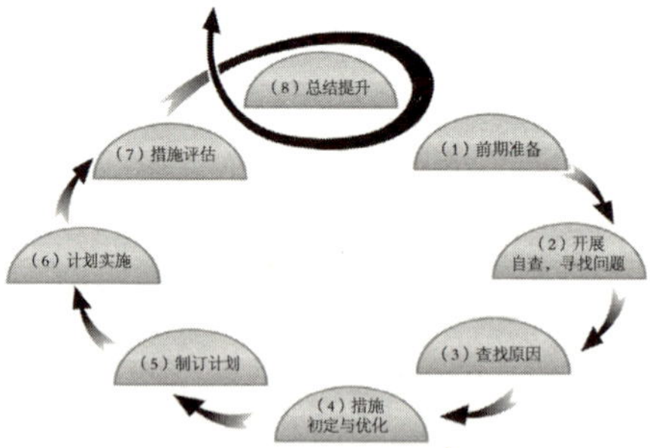

图 3-1　校园环境管理实施步骤

（1）前期准备

在思想、技术及人员上对项目的开展做充分准备。

（2）开展自查，寻找问题

在学校内部查找环境管理工作中可以改进的潜力。

（3）查找原因

针对出现的问题查找其深层次的原因。

（4）措施初定与优化

对可能的解决办法进行可行性评估。

（5）制订计划

选定措施并制订实施计划，其中包括确定明确的目标、具体任务、衡量指标、负责人、完成期限等。

（6）计划实施

实施上述计划，并注意过程中数据的收集与整理，同时监控进展情况。

（7）措施评估

对实施过程及效果进行全面评估。

（8）总结提升

建立持续改进机制，融入学校的常规运行。

应特别注意的是：在实施过程中，学校要调动高层管理者、各级主要部门工作人员以及全体教职员工和学生的积极性，建议将此项目与学校的管理、教学工作有机结合，包括学校制度的制定、学生活动以及探究性学习项目的开展等，也可将项目与各级各类评奖竞赛活动相结合。从而形成校园环境管理团队，并将校园环境管理的理念和方法运用到未来的学校管理和教育中。

校园环境管理涉及学校管理方方面面的内容，开展自查是前提，有效的评估是关键。为此，本书还为各地学校提供了检查表，作为参考。

检查表主要包括下列12项内容：① 原材料；② 能源；③ 水和废水；④ 垃圾处理；⑤ 噪声；⑥ 危险品；⑦ 绿化；⑧ 安全与健康；⑨ 设备的维护与保养；⑩ 仓储与保管；⑪ 食堂管理；⑫ 环境宣传与教育。

详细检查表见本书附录。

二、校园环境管理的环境主题

1. 水

我国是一个缺水严重的国家，人均水资源占有量仅为世界人均占有量的四分之一。学校人员密集，并且学生和老师在校时间长，一些学校还有住宿生，所以学校用于教学、生活和校园绿化、日常维护的耗水量较大。

在校园的设计和建设中，首先应考虑系统设计合理、科学，其次是器具、设备的节水，最后是尽可能循环使用水资源和中水回用。对用水器具应选用高效节水型器具，像节水型坐便器、红外感应式水龙头等，学校的绿地应采用喷灌或滴灌系统进行浇灌。

此外，有条件的学校可以建设雨水的回收装置，注重雨水的回收、利用和对污水的处理和利用。对学校来说，节水的前提是用水安全，为确保学校用水安全又能达到节水的目的，鼓励学校在建设中考虑设计分质供水系统。

（1）济南中学节水案例

山东省济南中学水资源利用率比较低，浪费比较大，教学楼又是学校的耗水大户，为解决这一问题，当时的杨长寨副校长于2007年结合学校中教学楼这类专用建筑的卫生间结构布局（洗手间在外间，便池在里间）、大便池冲水的模式（水箱式）和上下水的结构（洗手间和便池下水分设），提出了上层洗手间的洗刷用水不直接进入下水管，改为进入下层里间便池的水箱中，减少进入水箱的自来水数量的改造方案。经和总务处的员工进一步论证和改进，认为这样的改造从技术上可行，可以试一下。在试点取得成功的基础上，学校总务处于2008年上半年对全楼进行了改造。

改造后的错层节水系统在学校教学楼已经运行多年，总体运行平稳，运行效果很好。由于学生班级多、人数多，涮拖把、洗手、洗涤各种物品等，耗水量较大，这些水再次用来冲刷大便池，减少了水箱自来水的注入量，从而节约了大量自来水。学校2008—2010年用水曲线图就充分说明了这一点。（本案例由济南中学提供）

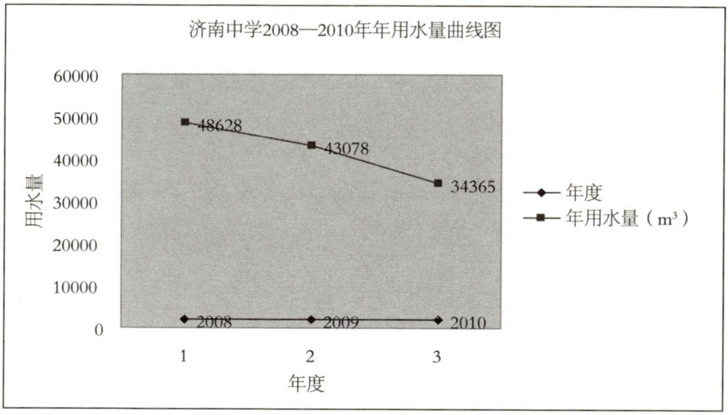

图 3-2　济南中学 2008—2010 年年用水量曲线

（2）杨镇第二中学设计 30 度角水龙头

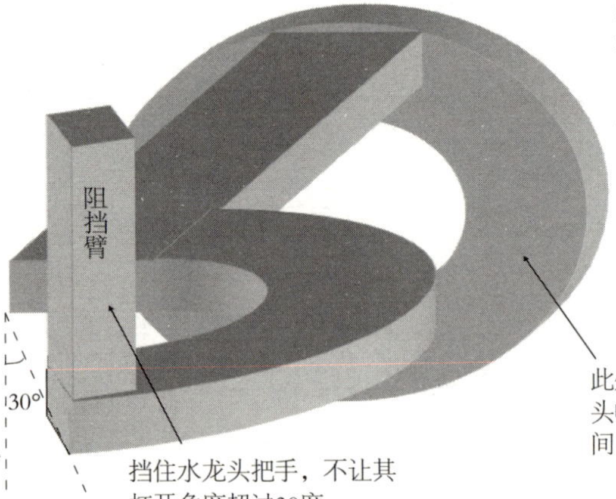

图 3-3　杨镇第二中学设计的 30 度角节水龙头

杨镇第二中学的同学们发现不少同学在用水过程中根本不注意水龙头的打开角度，一般情况都是一下到位，大约就要 80 度了，还经常不关水龙头就让下一个同学接过来，浪费现象十分严重！如何解决这一问题？有的同学提出可以利用数学中“30 度角所对的直角边是斜边的一半”的定理对水龙头的打开角度为 30 度时进行流水量的测算，并利用“圆珠笔的弹簧收缩原理”进行设计，大家一致认为此建议可行，随后，同学们在指导教师的帮助下进行了具体设计并画出了效果图。

项目成功实施后，经过计算（计算公式：每人每分钟节水量 × 每天每人用水时间 × 每人用水天数 × 全校用水人数 = 每年节水量即 3.8 公斤 ×2 分钟 ×200 天 ×3000 人 =4560000 公斤 =4560 吨），节水效果明显！

（3）瑞安市十中因地制宜节水案例

瑞安市第十中学在校生有1300余人，是用水大户。学校背靠水资源丰富的万松山，既具有优厚的地理资源节水条件，又具有典型的节水教育素材。因此，如何把学校从用水大户变为节水大户，创建节水型校园，便成为他们思考和实践的一大挑战。

在学习水资源利用的校本课程中，有的同学提出：学校背靠水资源丰富的万松山，万松山上有茶亭、丹心池、滴水岩、滴水岩背、电视塔下、环山北、龙眼井7处泉眼，水资源极其丰富。学校能不能把万松山上的水资源为我所用？学校通过组织师生考察后得出结论：滴水岩泉眼与学校的地理位置最近，而且瑞安市疾控中心定期对这7处泉眼进行样水采集检测，泉水的色（度）浑浊度、臭和味（强度）、PH酸碱度、铁、锰、铜、菌落总数等25项检测项目均符合生活饮用水卫生标准。学校便投入资金，从万松山滴水岩泉眼引水下山，连通学校食堂内部的大型封闭蓄水塔，每天可蓄水100余吨。所蓄山泉水经过加工处理后，用于学校办公饮用、食堂煮饭等，深得师生喜爱。

为了进一步利用万松山泉水，该校在校园内万松山山脚下建造了一座露天蓄水池，从万松山滴水岩泉眼引水流入其中。露天蓄水池平时既可存蓄泉水，雨天还可收集雨水，水源存量相当可观。学校又改建地下管道系统，将蓄水池的水引到校园各处绿化带、部分厕所、广场地面等处，用以浇灌花木、清洁地面、冲洗食堂、冲刷厕所等，节约了大量用水。

自创建节水型校园活动开展以来，师生普遍增强了节水意识，养成了节约用水的好习惯。校园所有水管、冲洗设备、水龙头等使用节水用具后，无跑冒滴漏现象，师生办公饮用水全部采用经过净化的山泉水，浇灌花木、清洁地面、冲洗食堂等全部采用露天蓄水池所蓄的山泉和雨水。全年节约自来水 2000 余吨，节水量达 7.5%，节约水费一万余元；师生饮用水不再从矿泉水公司购买，节约矿泉水费一万余元，在取得良好的教育意义的同时，也取得了不错的经济效益。

2. 能源

能源是人类生活中最重要的资源，是经济社会可持续发展的重要物质基础，是国家经济的生命线。按我国目前探明储量和开采能力计算，我国能源短缺现象日益严重。

改变能源消费结构，学校在运行和维护过程中注意提高清洁能源使用比重，积极开发新能源和可再生能源。很多学校于工作中在节电、节油、节气、新能源的利用上进行了尝试，诞生了一些好的做法，值得推广和借鉴。

（1）深圳市笋岗中学节电方案

深圳市笋岗中学于 2000 年 5 月被评为深圳市绿色学校，2001 年 3 月被评为广东省“绿色学校”，2002 年 12 月获得全国绿色学校创建活动先进学校表彰。“绿色”已成为笋岗中学的办学理念之一。

笋岗中学在绿色学校的建设实践过程中赋予“绿色学校”以新的理念，逐步形成了“绿色校园”—“绿色学校”—“绿色教育”—“素质教育”—“可持续发展教育”的教育链条，把创建“绿色学校”、实施“绿色教育”作为落实整体素质教育、推进可持续发展教育的切入点，从管理环境、人际环境、校园环境、教学环境、德育环境五个方面对学生进行富含崭新理念的环境教育，并把它贯穿在学校工作的多个方面，从而推动课内外教育教学改革，形成了笋岗中学的教育特色，创造了笋岗中学的教育品牌。

为了加强组织领导，增强学校行政领导的管理意识。笋岗中学在学校成立了校园环境管理领导小组，成员由校长室、德育处、总务处及相关老师组成。领导小组定期召开会议，研究工作的推进意见，制订并落实各项工作计划。领导小组定期召开学校全体行政领导工作会议，研究方案措施，分工负责。

通过自查发现学校在垃圾分类和用水等方面有一定潜力，但是在用电方面，由于笋岗中学目前已建校 15 年，学校现有电灯近 2000 盏，电脑 208 台，风扇 300 多台，用电设施多，用电量大，而且用电设施虽多次修换，但部分用电设备和用电管理制度仍是采用传统的粗放型管理办法，电能消耗存在的浪费现象，有比较大的潜力可挖，所以学校首先选择节电项目。

为了解学校用电状况，以便采取有效节电措施，同时帮助同学们树立安全用电和节电意识，培养良好的节电习惯，深圳市笋岗中学组织有关人员对该校用电情况（见表 3-1）和同学们的节电意识（见表 3-2）展开了调查。节电领导小组首先开展问卷调查，了解每个班级的用电情况。

表 3-1　深圳市笋岗中学用电情况

科室	灯 /（盏 /W）	空调 /（台 /W）	电脑 /（台 /W）	风扇 /（台 /W）	电机 /（台 /W）	使用时间 /（h/d）	年总用电量 / 万 kW·h	总金额 / 万元
校长室	15/40	2/2 000	1/160	2/80		10	26	17.7
副书记室	3/40	1/1 000	1/160	1/80		10		
副校长室	3/40	1/1 000	1/160	1/80		10		
副校长室	3/40	1/1 000	1/160	1/80		10		
会议室	10/9 21/20	2/2 000	1/160			1		
保管室	3/40	1/1 000	1/160	1/80		10		
教务处	18/40	3/1 000	6/160	5/80		10		
图书馆	99/40	2/4 500	2/160	12/80		10		
电脑房	60/40	6/2 000	165/160	12/80		8		
6 楼演播厅	40/40	2/4 500	1/500			05		
阶梯教室	100/9	4/4 500	1/500			2		
饭堂	20/40	6/2 000				10		
实验室	220/40		11/500			3		
年级办公室	12/40	3/2 000	12/160	4/80		10		
网管中心	12/40	3/1 000	6/160			10		
油印室	6/40	2/1 000		1/80		10		
饮水机					2/1 000	10		
抽水机					2/7 500	12		
电动门					3/1 500	10		
闭路监控			6/500			24		
…	…	…	…	…	…	…		

表 3-2 学生节电意识调查统计（总调查 48 人）

问题	有	无
平时你有无人走关灯的习惯？	10	38
你知道深圳的电一度多少钱吗？	1	47
你知道你家每月电费是多少钱吗？	15	33
你知道学校每月电费多少钱吗？	0	48
你知道我们国家缺电情况吗？	5	43
你知道世界能源短缺吗？	46	2

深圳市笋岗中学组织有关人员对学校的用电状况和同学们的节电意识开展调查后，组织学生进行原因分析。学校用电量大的原因究竟在哪里？可以通过开展哪些行动取得效益？采用头脑风暴的方式对可能的措施所涉及的操作空间越大，原因分析挖掘的越深，发现有效地解决问题的方法就越多，解决的途径就越广，产生的效益就越高。

学校对浪费电能的原因进行了分析，发现主要原因有如下几点：

1）课间教室电脑平台和投影等设备没有关电源；

2）没有开展用电管理和评估工作；

3）广播操、体育课、实验课等不在本班教室上课时忘记关本班用电设施；

4）节电责任人不到位；

5）管理制度不健全；

6）厕所没有使用节能灯；

7）教师下班后有时忘记关灯和电脑等用电设备；

8）教师不在办公室时有时空调照开；

9）气温不高时办公室空调有时照开，有的办公室空调温度过低，空调开着时门没有关。

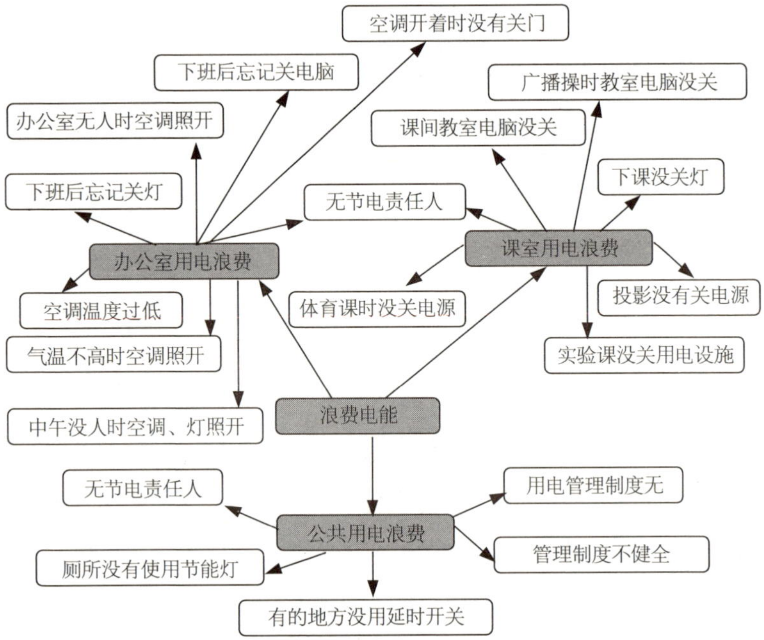

图 3–4　用头脑风暴法分析用电浪费产生的原因

学校在详细分析浪费电能的原因之后针对浪费电能的原因具体采取以下三个方面的措施，同时开展 23 项具体工作（具体安排见节电实施计划），以实现节约 10% 的学校用电的目标。三个方面的措施如下：

1）课间关闭投影等设备电源，关闭一半以上电灯，控制教室用电量。教室无学生上课时关闭电源。

2）教师办公室教师下班无人时关灯，到点关灯，控制教师办公室用电。

3）把所有走廊路灯开关改为感应开关，在所有教室、办公室、厕所和会议室使用日光灯或节能灯，控制公共区域的用电量。夏季气温在28℃以下时关闭各办公室空调用电，空调温度控制在26℃。学校总电闸在晚上7点关闭，早上7点打开。

为强化全体师生的节能意识，安全用电的意识，加强节电过程管理，节约电能。笋岗中学由节电领导小组核心成员向全体师生开展宣传培训，介绍校园环境管理的相关知识，动员全体师生一起参与，采取一定的组织管理手段改进学校的运营成本，节约水、电、纸张和能源，通过制定措施可以减少师生在各项活动中的安全事故，通过改进设施设备，可以给校园环境带来更多的改变。学校在每班选出两名专门的节能小帮手（可由班级电脑员兼任），根据每天实际情况负责照明及其他用电的控制。让各班各出一期与节电、节水等有关的黑板报，并通过一系列的主题班会活动，在学生中贯彻节能意识。学校召开了全校教师大会，讲明节电的意义及学校的要求，节电领导小组还利用学校周一升旗后的晨会时间邀请学校绿色义工讲话，开展节电教育。

在全校节电活动的开展过程中，学校每个班级都选出了节电小能手，专门管理班级用电工作，并由班级值日班干部协助。

学校规定：当天气晴朗，教室能见度好时尽量不开日光灯；天气较暗时由节电小能手负责开部分或全部日光灯。天气热时，由节电小能手负责开关风扇，做到既不浪费电能又保证同学健康。任课老师提出使用电器控制平台时，节电小能手负责打开。播放液晶投影时，为不影响同学观看，节电小能手关掉前排的日光灯，长时间不用，应关掉液晶投影及电脑电源。上体育课、实验课、电脑课、课间操、中午、下午放学时，节电小能手关掉教室电器控制平台、电灯、电扇等一切电源。

学校把办公室和卫生间等处照明灯从白炽灯改为节能灯。新教学楼所有走廊灯都采用感应节能开关，同时把旧教学办公楼的走廊灯开关改为感应节能开关。学校还规定，如发现电器控制平台故障由节电小能手及时报告信息科组维修；如发现电灯、电扇故障则及时报告总务处维修，任何同学不准擅自维修处理。

学校专门安排两位电工师傅负责学校的用电管理、检查和维修工作，晚上 7 点关闭学校教室电源总闸，早上 7 点再开电闸；天气清凉时关闭全校空调电闸；另外平时检查学校用电和用电安全情况，特别是检查体育课、电脑课、实验课等教室内是否关闭电源。他们还负责开关学校的路灯和广场灯，随时根据检查结果整改学校用电制度。

学校在学生中开展了各种活动努力提高学生的绿色环保意识。学校绿色义工代表团委和绿色义工社团做了《勤俭节约，从我做起》的国旗下讲话。指出了勤俭节约是中华民族的传统美德；节约资源是全社会的共同责任，针对学校存在的“教室人迹绝，灯光映长空”“明也开灯，暗也开灯”“一人案前，众灯普照”的个别现象，做了节电、节水、节材和垃圾分类等方面的倡议。学校还在 4 月体艺节中开展灯具设计比赛和环保小品表演等。另外学校还在各班开展了与节电、节水、节能有关的班会活动，对学生进行环保和节能节电节水教育，另外各班还出了一期与节能节电环保有关的黑板报。

学校在初一和初二年级全体学生家庭中开展评选节水、节电先进家庭，并予以表彰；在全校开展评选学期优秀电教学生，表彰他们为班级用电和班级电教器材的管理做出的贡献。

为了加强在学生中开展环境保护和绿色学校的理念教育，学校在全体学生中开展了节电征文评选活动，节电征文评选活动由德育处和语文学科组组织，活动开展顺利，效果明显。

通过努力，学校节电工作取得了明显的成效，2007 年 1—4 月学校内部比 2006 年 1—4 月节电约 18%。根据 2007 年 1—4 月实际节约 18% 用电数据推算全年学校将节约用电量为 260000×18%=46800 kW·h，全年可节约电费 46800×0.68 元 /（kW·h）=31824 元。

2006 年和 2007 年 1—4 月用电数据统计具体数据见表 3-3。

表 3-3　用电数据统计　　单位：kW·h

月份	2006 年	2007 年
1 月	17178	14601
2 月	25435	21435
3 月	26956	20951
4 月	27692	22687
合计	97261	79674

学校制定了节电工作的长效机制，把节电小能手等工作制度化，并把节电工作纳入学校班主任工作的量化评估。

学校在开展节电工作的同时还把环保和节约能源精神及做法推广到学校工作的其他方面，也进一步推动了学校节约用水、垃圾分类和用纸等方面的工作。

（2）山东平度经济开发区实验学校节油案例

山东平度经济开发区实验学校针对不少教师开私家车上下班的情况，开展了“从我做起、身体力行”活动，鼓励教师“每周少开一天车”“两公里内不开车”“多人就近拼一车”“多开车多付出”，倡导教师上班少开车，减轻学校停车压力，降低教师个人燃油支出，来减少持续增长的机动车尾气污染和能源消耗。

学校通过“节能减排、从我做起”宣传签名活动和组织全体师生参加每季度一次的节能知识讲座和节能金点子活动并加上学校推出的停车位有偿使用，提高用车成本，引导教职工能不开车就不开车的举措收到了良好的效果。

1）学校教职员工 150 余人，拥有私家车 60 余台，以前学校停车场基本上每天停车 40 台左右，现在基本上每天停车 15 至 20 台。通过宣教，开车数量明显减少，节约停车面积 400 余平方米，对于一个人多地少的学校，400 平方米的空间是多么的重要。

2）家住一个小区的教职工几人同乘一辆车变得越来越多，一开始不习惯或不好意思，现在已成为一种时尚潮流，形成拼车一族。

3）骑自行车上班的教职工越来越多，占教师人数的一半左右，他们离校不是太远，骑自行车 20 到 30 分钟到校，不是太累，骑自行车上班是一件很浪漫的事情。

4）步行上班的人数有所增加，一般家住两公里以内的教师都步行上班，步行时间在 20 分钟以内，锻炼了身体，增强了体质，解决了工作时间紧张，锻炼时间少的问题，保证教师有足够的精力工作。

5）通过节能技巧培训，教师们普遍反映，自己的驾车习惯发生了改变，开车的老师记录自己的油耗情况，基本上百公里油耗降低 1 升左右。油耗最低的日系车在百公里 6.5 升左右，节油效果明显，这样一辆车以每年行驶 2 万公里为例，可节油 200 升，按现在 93# 汽油 7.5 元每升计，每年节约燃油费 1500 元。

6）学校统计每天开车数量减少了 20 多辆，以每辆车每天平均

40 公里路程计，每天合计里程 800 公里，每周五天合计 4000 公里，每年合计少开 20 万公里，以百公里最低油耗 6.5 升计，20 辆车总共减少油耗 13000 升，以现在 93# 汽油 7.5 元每升计，一年可节约资金 84500 元。

（3）武汉市黄陂区蔡店小学利用新能源案例

蔡店小学位于人称“老（革命老区），少（有土家族居住），穷”的蔡店乡。2006 年前学校校舍十分简陋，教学条件相当落后，部分学生每天要走十多里的山路来上学，中午就在外面随便买碗面或者是馒头当午餐，一年四季都是喝凉水，严重影响着少年儿童的身体健康。

近年来，随着新农村建设的发展，国家对教育投入的增加和社会对农村教育的关注度提升，学校面貌发生了很大的变化。2007 年政府投资开始新建学生食堂和学生宿舍楼，在此校园改建之际，学校先后得到了“中国滋根基金会”“皇明太阳能集团”“江汉大学实验师范学院”等社会团体先后捐赠价值 20 多万元的沼气池系统工程、太阳能集中供热水系统和太阳能路灯等配套设施，着力打造新农村的“生态校园”。

该校经过教代会多次讨论，最终确定的工作目标是：

1）最大限度地利用有限的教育资金，构建生态能源设备，降低办学成本，使学校教育持续健康发展。

2）实现“猪（粪）—沼—菜”的循环经济模式，利用太阳能热水器、太阳能路灯改善和提高寄宿生的生活质量，同时又节约他们的生活费用，使边远山区的贫困生能顺利入学。

3）充分利用学校现有的设施搭建一个新能源及循环经济的教育平台，使教育、科研与学生科技、劳动实践紧密结合。

4）通过创建生态校园，绿化、美化、净化校园，改善育人环境。

5）通过学校和学生向周围社区展示和宣传新能源知识。

在大家共同努力下，2007 年 5 月蔡店小学沼气系统工程（40 立方米的地下沼气池、15 立方米的储气罐；加上配套的厕所、猪圈、菜地），能储 10 吨热水的太阳能热水器和 12W 太阳能路灯相继开始投入使用。经过几年的运行，取得了显著的经济效益和社会效益：

1）沼气全年按五个月计算，能产气约 2400 立方米，相当于节约标准煤 1713.6 千克。而且沼气作为食堂燃料的补充，不仅方便，而且清洁。

2）太阳能集中供水系统，每年可节约 8000 千瓦时的电量，加上一盏太阳能路灯能节约 21.6 千瓦时的电量，每年共可节约 8021.6 千瓦时的电量。

3）建生态厕所和沼气池，将人畜粪便发酵后生成的沼气入厨，节省燃料；沼液冲洗厕所，消除学校最大污染源；沼液、沼渣作为有机肥浇灌菜地，蔬菜长得大还不生虫。既节省肥料没有污染，收获的蔬菜用于食堂，又减少了学生的生活开支。

校园新能源的使用，无疑是部鲜活的教材。引起周围居民极大的兴趣，许多村民也翻山越岭地赶来参观，为农村沼气工程的建设和新能源的使用起到了良好的推动作用。（本案例由武汉市黄陂区蔡店小学提供）

3. 废弃物

垃圾分类是对垃圾收集处置传统方式的改革，是对垃圾进行有效处置的一种科学管理方法。人们面对日益增长的垃圾产量和环境状况恶化的局面，如何通过垃圾分类管理，最大限度地实现垃圾资源利用，减少垃圾处置量，改善生存环境质量，是当前世界各国共同关注的迫切问题之一。

2017 年 6 月，国家机关事务管理局、住房城乡建设部、发展与改革委员会、中央宣传部、中直管理局联合发布了《关于推进党政机关等公共机构生活垃圾分类工作的通知》，要求在党政机关等公共机构实施生活垃圾分类，有利于改善工作和生活环境，促进资源回收利用，推动生活垃圾减量化、资源化、无害化，对于推动全社会普遍实施生活垃圾分类具有重要的示范引领作用。党政机关等公共机构要带头实施生活垃圾分类工作，逐步建立生活垃圾分类的常态化、长效化机制。

在这方面，我们的中小学、幼儿园也都开展了很多相关工作。

（1）华东师大附属幼儿园垃圾分类案例

2010 年举世瞩目的世博会在上海盛大开幕，“城市让生活更美好”是 2010 年上海世博会主题。为配合这一主题，华东师大附属幼儿园开展了“今天分一分，明天美十分”垃圾分类回收活动。

图 3-5　各班制作的垃圾分类箱

为保证活动的质量，幼儿园分类垃圾回收从“少、小”做起。首先集中收集三种垃圾：废旧纸品，利乐包装和有害电池，各班可在此基础上，增添班级回收垃圾项目。每周由班级老师负责日常的饮料纸包装、废弃纸张及有害电池的回收、统计；每月则由专人定期对各班回收垃圾的工作再次进行数据汇总和公示。为让更多的家长和幼儿了解垃圾分类的重要性，并以此增加对垃圾分类知识的了解。在普及环保知识的基础上，他们还为此次活动进行了一次规模盛大的揭幕仪式。在启动仪式上，通过主持人讲述地球妈妈的故事，展示各班自制的垃圾分类的垃圾桶，共同演唱歌曲《大家一起来环保》，让孩子们对此次活动的正式开展投入更多的积极愿望。

图 3-6 利用废旧纸箱制作的环保玩具

在垃圾回收活动中，他们还建立了绿色账户垃圾回收资料库，内设活动实景文字记录；活动照片收集；活动家长反馈；活动环保作品收集；教师活动反思等，要求每个班级教师定期对每一个栏目进行反馈，并可增加班级特色栏目。他们还充分利用家长资源：在家委会上，征求家长对活动开展的建议与想法，集思广益；在幼儿园网络平台上，不仅向家长及时宣传活动进程，同时将各班垃圾回收的情况数据在网上公布，以此来激励和督促家长与幼儿积极投入活动；在幼儿园每月一期的园报上，将垃圾回收活动信息及时报道，以此扩大影响面；在日常教学中，邀请家长教师，引导幼儿利用废旧物品，与幼儿共同制作玩具。

通过此次活动，全园师生的环保意识逐渐增强，观念不断更新。而且他们的环保行为逐渐规范化，取得了良好的社会效益和经济效益。

（2）南京市芳草园小学

南京市芳草园小学开展了垃圾减量主题的教育活动。为了了解生活垃圾的产生和构成，该校雏鹰小队的队员们从自己身边开始了调查。

他们设计了《家庭日产垃圾调查表》，仔细观察并记录了各自家庭中一天生活垃圾的产生量以及垃圾的种类，发现平均每个家庭一天产生 2120 克生活垃圾，其中可回收垃圾占 53.57%，主要有废纸、塑料制品、旧纸箱、玻璃瓶等。

与此同时，队员们编制了《垃圾减量分类调查问卷》来了解市民对垃圾减量分类的认知。问卷通过互联网发送和回收，共收回有效问卷 50 份。通过分析发现，虽然绝大多数人（90% 和 94%）都认为垃圾减量和分类非常重要，并且愿意参与到垃圾减量分类的活动中来（96%），但是只有 38% 的人了解相关知识。而平时能经常注意家中生活垃圾产生量的人只有一半左右（54%），能够自觉控制垃圾数量的人则更少（42%）。大家认为垃圾减量分类的主要困难在于市民意识不强（76%），相关知识普及不够（74%），设施不完善（40%）。

队员们还在一些垃圾减量分类做得比较好的小区进行了采访，学习他们的经验。小区的清洁工阿姨介绍说，要做好垃圾减量分类，首先需要加大宣传力度，让大家都真正了解垃圾减量分类；此外采取一些激励措施也是非常有效的。

通过调研活动，雏鹰小队的队员们总结了做好垃圾减量分类的几条措施：

1）加强宣传垃圾减量分类的知识；

2）减少一次性用品的使用；

3）双面使用打印纸；

4）酒瓶花瓶等要废物利用；

5）进行垃圾分类积分奖励等。

为了让更多的人参与到垃圾减量分类活动中来，队员们决定从身边做起，他们制作了《垃圾减量倡议书》，走进校园，向同学们进行垃圾减量分类的宣传。

4. 生物多样性

生物多样性是生物（动物、植物、微生物）与环境形成的生态复合体以及与此相关的各种生态过程的总和，包括生态系统、物种和基因三个层次。生物多样性是人类赖以生存的条件，是经济社会可持续发展的基础，是生态安全和粮食安全的保障。

每个人都和生物多样性有关系，包括大家吃的、喝的，以及呼吸的空气。同时我们个人生存的方式又对生物多样性产生很大影响，包括吃野生动物、能源过度消耗导致气候的变暖，对生物多样性构成了很大的威胁。

生物多样性给我们提供了非常多的服务，给我们提供食物、纤维、淡水、燃料、遗传基因库、观赏的植物，另外在很大程度上它具有调节功能。物种的种间关系也是有价值的，而且这种价值可以通过经济价值的计算而得到。农作物有时候减产，不仅仅是因为土地肥沃程度降低，也可能是因为生物多样性降低了。

针对保护生物多样性的主题，学校也开展了丰富的教育活动。

（1）江苏省南京市玄武区锁金新村第二小学

“观花项目”是中国生物多样性保护和绿色发展基金会与南京市教育局联合开展的一个致力于开发中国中小学生科学观察和批判性思维能力的教育项目。该项目受到了南京市教育局、各区县教育局的高度重视与关注。江苏省南京市玄武区锁金新村第二小学依托“观花项目”，带领学生开展了“校园植物大搜索”综合实践活动。通过活动认识校园里的各种植物，知道每一棵植物在校园里的位置、名称、特点等；通过调查、访问、查阅资料、实践体验、上网等亲历活动，培养学生动手动脑、合作探究的能力，形成发现问题并解决问题的能力，发展对知识的综合运用和创新能力；通过学生的亲历活动和成果展示使学生对校园的绿化情况有一定的了解，并能提出自己对于校园绿化的意见和建议。

整个活动分六个小活动进行，包括：

活动一：观察、认识校园植物。

活动二：通过文献法、听讲座进一步了解校园的植物，制作研究小报。

活动三：小组合作给校园植物进行挂牌。

活动四：认识绿地图。

活动五：小组合作绘制校园绿地图。

活动六：研究校园绿地图。

第一阶段：活动准备阶段

由联合国教科文组织的“观花”项目引入，激发学生的研究兴趣。从校园环境入手，策划相关活动。学生对于校园的环境很熟悉，但并不是很了解，为了让学生的研究落到实处，根据学校的区域，将学生划分为五个小组，每个小组 5 人。每个小组负责研究学校的一块区域的植物，然后再制订相应的研究计划。

第二阶段：活动实施阶段

同学们在老师的指导下制订行动前的计划，分别对各组的计划进行了有效指导。经过一节课的准备，各个小组的计划出台了，各个小组计划翔实，任务分工明确，具有很强的可操作性和实效性。

接下来，孩子们按照计划开展活动。那段时间，课间十分钟，校园里处处可见孩子们观察植物、研究植物的身影。课后，同学们查阅资料，进一步了解校园植物。为了让研究更加科学，班级还邀请了南京林业大学相关专业的大学生到校给学生进行讲座。经过这样一番研究，每个孩子都可以准确地说出自己小组研究的植物的位置、名称及主要特点。之后的挂牌就轻而易举了。绘制校园绿地图是孩子们最喜欢的一次活动，在充分认识绿地图的基础上，孩子们小组合作，绘制出了属于锁金二小的校园绿地图。在地图上，孩子们利用图例标注出了校园里主要植物的分布，一目了然地再现了校园的绿化分布情况。

第三阶段：活动总结、交流与评价

经过研究校园植物，绘制校园绿地图，孩子们发现：学校的绿化面积很大，不愧是绿色学校。尤其是学校有多棵高大的梧桐树，这在小学校园里很少见到。同时，孩子们也发现：学校的开花植物太少了。因此，孩子们在研究之后给学校提出了自己的建议：来年春季多种植一些开花植物，例如玉兰、桂花、海棠等；可以在楼层之间种植一些空中花卉；班级里都要有自己的植物角等。

孩子们对研究过程中的小报、绿地图、小论文等都进行了评比，过程性材料都一一保存起来。在南京市一次市级展示活动中，孩子们给综合实践老师汇报了自己的研究经历，获得了很好的评价。

（2）上海沙田学校

该校 2012 年进行校安加固工程，2013 年搬回到学校，硬件设施有不少改进，但校园的环境，尤其是校园绿化还存在着许多不尽如人意的地方。学校启动了生态学校创建活动，成立了生态委员会，委员会由学生委员和成人委员组成，学生委员由学校少先队大队部公开对学生进行招募。学生以自愿报名的方式，填写生态委员会竞聘申请，发表自己的竞聘宣言。学校大队部根据竞聘宣言参考班主任意见进行初选，确定 15 位候选人进入第二轮竞选。在第二轮竞选中，学生进行 5 分钟竞聘宣讲，学校大队部最终确定 10 位同学为生态委员会委员。成人委员由当地社区代表、一位校级管理者代表、教师代表、家长代表、非教学人员代表、环保机构代表、共建单位代表组成。

学校生态委员会的学生制定了调查问卷，对全校师生开展问卷调查，了解师生对校园美化绿化的建议。同时，纷纷走出教室，寻找校园中需要改进的地方。针对学校生源情况，50% 是随迁子女，为了增加文化融合，生态委员会的学生又进行了对上海本土植物的问卷调查，了解师生对校园美化绿化的建议。同时，同学们纷纷走出教室，寻找校园中需要改进的地方。校园绿化美化大行动，增加了校园绿化面积，改进了学校绿化布置。

通过开展校园绿化主题的生态学校创建活动，原来缺少绿意的教学楼现在慢慢地有所改变，新生的爬山虎已经扎根生长。校园走廊和廊柱上已经有孩子们的绿化布置，围墙上添加了不少绿意盎然的盆栽植物。学校读书角增加了绿化布置，绿意点缀的教工餐厅桌上都增加了绿色水培植物。每个教室都增加了绿色角，让教室充满生机勃勃的植物。办公室也进行绿化布置，评比出了最美办公室。

为了让全体学生和教师都了解生态校园，学校开展了“绿色家园”学校科技节活动，学生们通过科幻画、吸管创意、金点子的活动为学校创建生态校园贡献自己的小智慧。

自学校开展“绿化美化校园，建设生态学校”活动以来，得到了全校师生及家长的认可和支持，全校有更多的师生投入和参与到绿化美化校园的活动中来。学校绿化工作的改建，使得教学楼又慢慢恢复爬山虎指日可待。学校的廊柱、走廊上都有丰富的学生绿色创意作品，伫立在走廊上，学生久久不愿离开，也给校园带来一阵清凉的绿意。通过开设特色课程《上海本土植物的种植》，让同学们从 0 认知到现在认知 5 到 10 种常见的上海本土植物，从对本土植物习性的认识知之甚少，到详细了解每种植物的名称、种类、习性特征以及一些药用的价值，逐渐对它们产生了浓厚的兴趣和深厚的感情。通过学生抽样调查结果发现，活动实施后学生表示有兴趣认识植物的比例从原来的 42% 上升到了 96.1%，其中表示对此非常感兴趣的也占到了 54.1%，超过了抽样人数的一半。

针对问卷中的问题，教室和办公室、餐厅都缺乏绿色，所以全校总动员，都参与到创建绿色校园美化校园的活动中，各个办公室装饰墙壁、用植物装点办公室；同学们都带来了自家养的绿萝、吊篮、多肉植物等，让每个教室都有了生机盎然的植物角，每位同学都精心呵护着自己的和他人的植物，像宝贝一样地关爱她们，让校园也变得更加和谐。

此外，利用学校的有限区域，建设绿色阳光房，种植了水培的植物，供老师、同学们课余时间休息欣赏，兴趣小组的同学们负责阳光房的植物，在她们的精心照料下，阳光房的植物茁壮成长，一派生机勃勃的景象。

为了让全校师生都了解国际生态校园的创建，学校开展以“生态校园、绿色家园”为主题的科技节活动，活动分两类：1. 绿色校园、绿色家园的科幻画评比；2. 绿色校园金点子创意评比。活动中，100%的同学都参加了评比活动，对学校的绿化美化提出了有建设性的金点子。

在课程建设方面，学校将绿色的生态建设融入学校课程建设，通过在基础型课程中的渗透、在拓展型课程中的深化和在探究型课程中的提升，将绿化美化校园活动进行到底。

- **基础型课程中渗透**

学校通过梳理在基础型学科中寻找到的有关的教学点，提高学生对绿化、对环境的保护意识，尤其是对植物多样性的保护。例如：通过美术课画画我们的校园、我们的社区；利用自然学科和科学学科了解植物的生长特点；在思品学科探讨校园环境与学校生活的关系，植物与人类的关系等，各学科教师注重在课堂教学中渗透环境保护意识，并根据各学科的要求和学科特点，有意识地将环保意识渗透在课堂中，让学生在潜移默化中接受生动的教育。

- **拓展型课程中深化**

学校重视在拓展课中开设校本课程，在课堂、课程中培养学生的环保意识，绿色情怀。学校开设了《小小种植家》《文化寻根》《绿色田园》《上海本土植物》《植物认知》等课程，以 330 活动形式，主题环保教育活动，以自主 + 限定拓展的方式，做到内容递进、教材落实、教师落实、课时落实、考核落实。

● **探究型课程中提升**

学校在探究型课程实施方案的基础上，结合“上海市中小学探究型课程学习包”，将绿色教育纳入探究型课程，对课程的内容进行整体设计，根据不同年级确定相关探究主题、探究要求，不仅让学生们了解校园绿化环境的重要性，更获得了亲身参与科学研究的体验。

表 3–4　探究课程设计

探究专题	主要内容	年段
校园植物	我喜欢的校园植物	小学 1—2 年级
	我为校园植物标名称	小学 3—5 年级
	我为校园添新绿	初中 6—7 年级
	我为校园环保献一计	初中 8—9 年级
生态环保	植物无土栽培	小学 1—2 年级
	走进自然博物馆	小学 3—5 年级
	酸雨对植物的影响	初中 6—7 年级
	植物组织培养	初中 8—9 年级

5. 气候变化

气候变化是指由于人们焚烧化学燃料，如石油，煤炭等，或砍伐森林并将其焚烧时会产生大量的二氧化碳，即温室气体，这些温室气体对来自太阳辐射的可见光具有高度透过性，而对地球发射出来的长波辐射具有高度吸收性，能强烈吸收地面辐射中的红外线，导致地球温度上升，即温室效应。由于温室效应不断积累，导致地气系统吸收与发射的能量不平衡，能量不断在地气系统累积，从而导致温度上升，造成全球气候变暖。全球变暖会使全球降水量重新分配、冰川和冻土消融、海平面上升等，不仅危害自然生态系统的平衡，还威胁人类的生存。

气候变化现在已经被广泛看作是当今全球环境和人类所面临的最大挑战。它是在全球或区域范围内持续较长时期的天气模式变动。

气候变化具有全球性和整体性，它可能对地球生命的每一个方面都造成很大的影响，主要包括：降雨类型变化、海平面上升、干旱加剧、生物栖息地和生物多样性丧失、热效应加剧、极端天气事件数量和强度增加、农作物减产、疾病传播方式变化以及季节时间长短和特点的变化。

武汉市江汉区大兴路幼儿园绿色学校创建中的气候变化主题活动方案

活动目标：

（1）让孩子、成人、社会人人都认识气候变化给地球和人类带来的影响，养成从自身做起保护生态环境的习惯，尽自己所能，减少二氧化碳产生的温室效应。

（2）将学校的行动扩展到其他校区、社区和家庭，让更多的人提升保护生态环境的意识和行为。

活动参与对象：大兴路幼儿园气候变化行动队。

实施步骤：

（1）建立生态学校委员会。邀请一定比例的幼儿和家长参加，制订环境计划和策划环保活动，并指导和安排计划的实施及活动的开展，制定环境计划的监测评估办法。

（2）环境评审。以调查问卷、会议商讨等形式吸纳师生、家长共同参与到这项工作中，从评审幼儿园的环境影响着手，分析问题原因，制定整治措施。

（3）策划各类环境行动。除了在园内开展环保活动，如编辑环境通信、举办会议和展览、回收废旧资源和节约能源之类等，还可以邀请园外各阶层参与生态学校的活动，其中包括当地居民、商业机构、工厂企业、政府部门，他们有可能提出各种有益的建议，提供资金、物资设备方面的实际支持。

（4）环境计划的监测评估。借助日常的动态检查和结果公布及时反映环境活动的开展与计划是否一致，使师生及家长看到幼儿园生态计划的进展情况和存在的差距，增加活动的透明度和公信力，并将评估结果体现在未来的行动计划之中。监测评估计划应当与行动计划同时制订，并且尽可能地由幼儿去具体执行，采用观察记录、拍照、录像、收集意见等方法。

（5）设计环境课程。把环境理念渗透到各个年龄段的教学实践中，使幼儿从不同的视角来感受和认识环境问题。每个教师都可以从自己的领域知识和幼儿的认知水平出发来确定不同的环境知识教授内容，既可以是地方性的、全国性的，也可以是全球性的，并尽量与生态学校委员会策划的环保活动协调起来。

（6）开展环境宣传活动。利用幼儿园的公告牌、家长园地、宣传单等积极宣传生态学校环境计划的进展情况；在园内外举行主题集会和举办主题展览，宣传某一环保思想（如保护动物、废品回收等），展示师生环境研究成果，同时邀请家长和社会人士参加，扩大社会影响；鼓励幼儿开展小型社会宣传活动，提高幼儿环境问题的思辨能力和宣传能力；利用新闻媒体宣传生态学校环境计划的实施效果。

（7）制定“生态行为规范”。“生态行为规范”是对全园师生环境行为的具体要求，有助于幼儿在日常生活中建立正确的行为准则和价值观。“生态行为规范”由生态学校委员会与幼儿、教师进行认真协商后决定，并按照情况的变化而不断更新，始终与生态学校的课程内容和活动内容保持一致。

表 3-5　开展气候变化主题活动表

主题名称	活动形式
校园环境管理	1. 建构贯通、互动的校园环境管理班子，成立校园环境管理网络。 2. 进行不同层次的校园环境管理理念培训。 3. 实施五种管理： 1）环境建设管理：通过校舍维护管理、环境卫生管理、绿化建设管理，节约能源，延长校舍设备的使用期限，增加校舍绿化覆盖率。 2）电子政务管理：使用办公网络化、电子化，逐步实现无纸化办公，减少纸张浪费。 3）设备管理：正确使用、勤于维护，使设备处于最佳运行状态，减少设备损坏，延长设备使用寿命；采购环保节能产品。 4）建筑装饰管理：新建筑或室内改造，力求使用环保节能产品。 5）教学设施管理：提高教学活动室及设施的使用率，尽可能一室多用，减少闲置。 4. 孩子参与到校园环境管理系列活动中。 开展以下活动：校园节能系列活动，垃圾分类，回收电池，废旧制作，使用小手绢等。 5. 建立校园环境管理过程记录分析体系。 6. 建立校园环境管理表格和制度。
小手拉大手环保进社区	1. 由项目组利用小组会议宣传“小手拉大手”活动方案、小组成员共同制定节能换算表格。 2. 家庭日常环保节能活动，首先在大班部分孩子家庭中开展，部分家庭带动大班所有孩子家庭，再带动中小班孩子家庭自愿参加，尝试将幼儿园孩子家庭良好行为经验推广到周边社区和小学。 （1）活动前问卷调查：对大班孩子家庭发放关于家庭日常行为习惯问卷调查，了解每个家庭日常生活习惯对环境的危害，对所得数据进行分析；并宣传“小手拉大手”活动及相关环保行为知识。 （2）每月选定 5 个主题，大班每班选十个孩子家庭参与活动，每个家庭参照节能换算表格实施计划，教师进行跟踪指导。

（续表）

主题名称	活动形式
	（3）计划实施一周，将每个家庭的节能表格展示在各班环保宣传栏中，每班评选2名“环保之星周家庭”，调动其他孩子参与活动的积极性，第二周以自愿报名的形式选出十个家庭继续开展活动，以此进行每周评选出2名“环保之星周家庭”，月底在大班评选出十名“环保之星月家庭”并颁发证书。 （4）建“点子墙”：每月各班将每个家庭活动前后数据制成表格并进行比较，提出节约能源的建议和方案。 （5）中小班孩子家庭采取自愿报名参加的方式开展活动，定期评选“节水家庭”“节电家庭”等。 3. 总结每个家庭的节能行为经验，委员会拟订家庭节能环保倡议书。孩子家长代表一起到周边社区及小学，向社区居民和学校学生、家长宣讲并散发宣传单。 4. 开展社区环保座谈会，请“环保之星月家庭”代表，将自身家庭活动前后的变化及好的经验与社区居民家庭进行互动交流，以幼儿园带动社区。
国际爱护动物活动周（AAW）活动——同一蓝天下	1. 制作环保专刊《同一蓝天下》，利用升旗活动向全体师生家长提出活动倡议书，让师生家长了解活动过程和内容。 2. 组织全园师生观看《同一蓝天下》宣传碟片，了解人类活动对全球生态系统以及动物生存的影响，有保护动物和人类共有的家的愿望。 3.《同一蓝天下》倡议书征集活动：号召全体教师家长用文字向所有人传达保护动物的理念。 4.《同一蓝天下》主题绘画大赛：动员小朋友们用画笔展示同一蓝天下多种多样动物的形象，让更多的人了解它们，保护它们。 5.《同一蓝天下》环保袋设计大赛：孩子和家长一起发挥想象创作设计环保袋，使用环保袋。拒绝白色污染，保护动物和它们的栖息地。 6. 在线有奖知识问答：动员教师和家长参加“在线有奖知识问答”活动。 7.“保护动物和它们的栖息地”倡议书签名活动：在离园时呼吁所有的家长和幼儿都来签署倡议书！ 1）宣传活动：利用专刊、升旗活动向全体师生和家长发出倡议，爱护动物，保护动物，并将有关宣传资料发放、张贴，造声势。

（续表）

主题名称	活动形式
	2）观看光碟：组织全体师生观看精彩的光碟《同一蓝天下》。这部精彩的纪录片将帮助大家更多地了解动物和生态系统的依存关系，我们能够做什么改善生态环境。 3）动员全体师生和家长，拿起手中的纸和笔，用文字或绘画向社会所有人传达保护、关爱动物的理念！ 4）呼吁家长和师生捐助合适的食物和物品，帮助动物得到更好的救助！许下你的小小心愿，让动物和人类都能健康和谐地生活在同一片蓝天下，献出你的一份爱心。 5）动员师生和家长登录 www.ifaw.org.cn 上网在线观看“同一蓝天下”视频短片，获取更多的知识。

第三节　学生参与

在学校中，学生是最重要的组成成员，也是学校教育服务最主要的对象。教育的一切都应为促进学生的发展和成才而运行，离开了学生主体性的发展，教育则失去了意义。因此，学校各项管理活动的宗旨和目标就应是为学生提供最好的教育服务，真正地促进学生的全面发展。

首先，学生参与学校管理使学生从小就意识到基本权利的存在，有利于培养学生的权利意识。提高学生在学校中的主体地位，提高“主人翁”意识；学生在充分发挥积极性、主动性和创造性的同时，他们的参与意识、组织能力、协调能力、合作能力和创新能力都能够得到提高。

其次，学生参与学校管理有利于提高学校管理决策的科学性、有效性，从而，有利于学校内在发展。

一、中小学生参与学校管理的实现

1. 注重班级管理中的学生参与

例如：学生可以参与班级制度、班标、班训、班徽、班歌等的制定；自主策划班队会活动和其他活动；班级干部轮换制度，细化班级中每一个学生的职责。

2. 转变学校管理者和班主任的角色

学校管理者和班主任首先要转变管理的观念，树立学生主体的观念，创设更多的机会倾听学生的心声，为学生参与学校的管理，创设一个民主、开放、平等的气氛。

3. 加强学生参与学校管理的制度建设和组织建设

学校和班级都要通过制定相关的制度规定来保障和鼓励学生的积极参与，在学校一些重要事务的处理、重要决定的做出时，都要征求学生的建议，为学生发挥主动性提供更多的机会；建立学生组织，为学生参与学校管理提供组织支持，并收集、调查来自学生的建议。

4. 建立激励机制

改变以往的评价制度，从评价方面来引导学生积极参与学校的管理。注重对学生参与学校管理、为学校提供更多更好的建议、策划方案等行为的关注和鼓励，采取积极的保障学生参与管理的机制和评价机制。

二、绿色学校创建活动中的学生参与

绿色学校提倡并要求学生参与到学校的日常管理当中，这给了学生一个很好的社会参与的机会，是培养学生社会责任感的渠道。绿色学校的创建过程是学生核心素养的培养过程，学生要充分参与到绿色学校创建的全过程中，在这个过程中要有责任、有担当，还要有实践、有创新。

绿色学校强调参与性原则，关注学校所有成员参与的普遍性和民主性，其中普遍性主要表现在绿色学校所有管理者、教师、职工以及学生环保活动的参与程度，民主性则指的是绿色学校在制订环境计划和策划环境行动中教师和学生的共同参与决策过程。这样要求的目的是使学校有关管理机构和组织能够保持公开性和透明度，鼓励学生在参与学校民主管理过程中运用自己所掌握的相关知识和决策手段。

为此，学校需要建立起一个综合性的环境教育管理系统，将环境教育理念纳入学校的日常管理和教育过程，在课堂学习的基础上为学生提供更多的社会环境学习和思考的途径和机会，最终使生态文明素养和行为成为所有学生综合素养的自然组成和体现。

学校可以通过一定组织形式，如建立绿色学校委员会，保证有专门的人员及机构负责绿色学校创建的计划、实施、协调和评价。学校工作计划需要明确绿色学校的目标、实施方式、时间安排、评价手段和指标等内容，统筹规划各科课程、综合实践活动和班团队活动中生态环境教育内容。由于绿色学校涉及学校生活的方方面面，委员会的组成应该代表各方的利益和意见，包括学校的管理者、教职员工代表、学生代表、家长、当地教育部分代表等。委员会应是一个民主的机构，在听取了各方的意见后共同做出决策。委员会的建立可以帮助学校师生对绿色学校的概念达成一致的理解，并监督项目的进行，保证它的透明性与公正性。

第四节　社会宣传与社会参与

2016年9月教育部发布的《中国学生发展核心素养》总框架把“社会参与”列为学生核心素养的三个维度之一，强调责任担当和实践创新。绿色学校的活动可以通过个体、家庭、媒体的综合作用向全社会辐射其影响力。绿色学校的每一个个体就是一个小的生态圈，绿色学校的主要参与者——学生，他们通过在绿色学校的学习可以培养环境知识、情感、态度、行为和参与。这些学习成果会潜移默化地影响到学生的家庭；而绿色学校的另外一个参与主体——家长，我们可以通过一些亲子活动、家庭活动等，帮助他们与孩子产生一个以环境教育为纽带的良性互动，更好地接受孩子们的环境知识、情感、态度、行为和参与的影响，进而发挥他们的模范和带动作用。诸多小的生态圈会产生聚合效应，进而辐射到社会这个大的生态系统。

“个体—家庭—社会”的辐射模式需要媒体的宣传和推广。媒体的范围很广泛，而在绿色学校案例中，最重要的媒体主要包括教材（纸媒）、社会化媒体和新媒体。

首先，针对绿色学校来说，传统的教学载体——教材可以发挥重要作用。绿色学校在“自成一派”编写教材之时，可以借助现有的中小学生课本，发挥其影响。诸如在中学生生物课本中，增加绿色学校的拓展阅读、案例研究、学习章节等。类似思路可以从教材拓展到实体课程，将环境教育融入现有的生物课、科学课等课程中。

传统的教材所辐射范围基本还是在校园内部，若想从校园拓展到更多个体和家庭，则需要进一步发挥社会化媒体的影响。随着新媒体的发展和媒介融合的演变，许多环境教育项目在提供公共文化服务过程中纷纷开始使用社会化媒体来进行传播，主要包括微信公众号、微博、博客和门户网站，其中又以微信公众号和微博最为普及。由于申请微信公众号方便快捷和无门槛，使得微信公众号的数量呈几何式增长，与此同时，微信文章的打开率也日渐低迷。公众号受众越来越处于主动地位，微信公众号则处于一种等待被打开状态。

因此，社会化媒体的使用需要适当地开辟多样化的推广和宣传方式。诸如与社区进行合作。环境教育工作者通过绿色学校课程内容、课外项目等先聚合学生和家长，吸引公众关注，再进一步通过线上论坛、微信群打卡、微信学习群、微信公众号推广文章等形式，扩大绿色学校环境教育的社会影响力。还可以通过扫描二维码进行活动报名等方式，方便延时性通信以及信息获取，形成线上与线下的交互联动，增强传播效果。

此外，一些线上传播方式的使用也可以弥补诸如微信公众号这些社会化媒体的局限。现存的环境项目在选取传播媒介时侧重微信公众号，通过微信朋友圈转发延长传播链，但是其传播因为朋友圈自身的封闭性和随意性，存在着受众局限性和非正式性等问题。而绿色学校的宣传可以尝试跳出传统模式的窠臼，除了惯用的社会化媒体，还可以采取更加多样化的线上媒介，例如门户网站：使传播更具真实可感性、虚拟社区：使传播更具有趣性与互动性、搜索引擎：使传播范围更广、博客微博：使传播接触面更广内容可长可短贴近生活。多样化的媒介传播使信息以“翻滚式”的姿态呈现在受众面前，可提高群众对信息的认可度，对政府和社会组织提供的公共文化服务了解会在交融的媒介形式和丰富的传播内容中日趋全面。

在主攻媒体推广之时，依旧不能忽视诸如线下活动这类的传播媒介。实体的讲座、环境项目是社会化媒体传播内容的延展，可以帮助绿色学校扩大全社会范围内的影响力。

案例一　校内网站

成贤街小学分校环境教育校本课程视屏目录

三年级：	
珍贵的水资源	http://www.iqiyi.com/jilupian/20100813/n29923.html
解决“白色污染”提高环保意识是关键	http://video.sina.com,cn/v/b/11843762-1350203575.html
宝贵的土地	http://www.iqiyi.com/jilupian/20100813/n29922.html
四年级：	
南京空气污染原是焚烧秸秆惹祸	http://www.tudou.com/programs/view/mFmDd6c4vjk/
围剿地沟油 确保食品安全	http://video.sina.com,cn/v/b/59940318-1802531097.html
环保黑镜头：烧烤油烟噪音污染 高考学生无法入眠	http://www.56.com/u49/v_Nig3OTM5NDc.html
五年级：	
光化学烟雾	http://v.youku.com/v_show/id_XMjI5Nzc1NDI0.html
电磁辐射、电磁波的危害	http://v.youku.com/v_show/id_XMTU0MzI4OTc2.html
关注环境污染，珍爱生命健康	http://www.tudou.com/programs/view/rKqYdEcDFU
六年级：	
热点雨林	http://bugu.cntv.cn/life/science/kejizhiguang/classpage/video/20110302/100589.shtml
环境破坏和生物多样性的消失	http://www.iqiyi.com/jilupian/20100813/n29920.html
寻找新能源	http://v.youku.com/v_show/id_XMjEzNTg1ODA4.html

图 3–7　成贤街小学分校环境教育校本课程视频目录

案例二　运用新媒体开展宣传

12 月 7 日 2016—2017 年度垃圾减量项目启动暨 2016 年度国际

环境小记者新闻作品大赛颁奖活动期间，南京环保微博创建 #2016—2017 年度垃圾减量项目启动暨 2016 年度国际环境小记者新闻作品大赛颁奖 # 微话题，共发布微博 14 条（其中 6 号预告微博 2 条，8 号转南京日报 1 条），微话题被阅读数 9.8 万次。

案例三　绿色学校活动向社会延展

环境教育是德育工作的重点之一，将环境教育与德育活动相结合，为环境教育增添了新的助推力，也增强了德育工作和环境教育的实效性，可谓一举两得。利用校园宣传阵地，营造浓郁的环境教育氛围，让学生在潜移默化间受到陶冶。

南京市环境保护宣传教育中心品牌—自然小课堂通过“生命、生态、生活三位一体”的系列课程，通过自然体验活动，让孩子影响孩子，让每个孩子都成为“小小自然讲师”。

自然小课堂先后走进生态馆、水利馆、环保车站、地震馆、琅琊路小学威尼斯水城分校、拉萨路小学等地，通过线上招募宣传，线下培训互动的方式，由生态科普讲师讲授本土生态名片、生物多样性、有机农业等内容，培养学生对自然的情感，构建家长、学生与自然更紧密的联系。2017 年“自然小课堂”线下活动共开展 10 期，为 1200 多名学生授课，提升师生生态文明意识。同时，配合线下课程同步线上腾讯全网直播，曝光量达到 6000 万次，线上直播观看量共 146 万人次。使孩子和家长在大自然中、在绘声绘色、兴味盎然、可触可摸可感受的教与学中，领悟自然界命运共同体的美丽与魅力，受到学生、家长和教育界的欢迎。

图 3-8 自然小课堂微信公众号宣传

第六期自然小课堂线下课程“揭示新能源汽车的行驶奥秘”结合直播形式，PV 日曝光量：6000 万 + 直播客户端当天观看人数达到 100 万 +。在传播的绿色能源理念中，串联着摸索观察、探索游戏和自然手工三部分。让更多人清楚地看到自然教育的教育模式。体验式全程直播，当期播放结合后期剪辑，形成二次传播。

自然小课堂推出了不同自然教育主题的精品课程，深受孩子和家长的喜爱。本着人与自然，相连相生的理念，南京市环境保护局主办的第八期《心泉行动 润物无声》课程走进南京市琅琊路小学威尼斯水城分校，与孩子们分享自然与爱。结合直播形式，达到 19 万 + 播放量，3000万+曝光量，同时直播投放在腾讯江苏页卡、腾讯南京页卡、腾讯亲子频道—Q宝先锋专题页右下角banner图、AIO文字链。感受人与自然的相连相生，感知自然、感恩自然，从自然中学习万物之道。

案例四　绿色学校国际交流

在第二届夏季奥林匹克青年运动会期间来自南京市的四百多所绿色学校的孩子们参加了绿动空间环保小屋的创意制作和活动。活动期间受到众多媒体关注，其中，中央电视台三次在现场进行报道。现场直播中专门提到了绿色学校专题。

在青奥会开幕式之前，中央电视台的新闻频道专门来到了绿动空间环保小屋向全国的观众展示南京市绿色学校的孩子们参加青奥会绿色创想的成果，孩子们展示了自己手绘的脸谱还有用废弃物品制作的南京绿色环保地图，直播中还展示了来自南京四百多所绿色学校，孩子们绿色创想的展示作品。青奥会不仅是一个运动场所，也是世界各国青少年交流的场地，青奥会以“基于青年，为了青年”为理念，以此回归现代奥林匹克运动“教育青年、教育社会”的本意，青奥会为我们提供了一个透过体育看世界的窗口，深化“体教结合、交流学习”。在此互动交流的理念基础上，南京市绿色学校进行国际的延伸拓展交流，融入绿色教育创造精彩，与国际交流学习环境自然教育知识，让绿色成为常态。

案例五　绿色学校交互沟通传播

党的十九大报告提出了“习近平新时代中国特色社会主义思想”，把“坚持人与自然和谐共生”作为我们党坚持和发展中国特色社会主义的基本方略之一，把建设生态文明作为中华民族永续发展的千年大计；绿色学校推行环境与可持续发展教育推进绿色发展倡导生态文明思想传播提供了清晰具体的实践指引。

绿色学校在社会宣传与参与中构建环境与可持续发展教育交流矩阵，编织生态文明思想传播网，将绿色学校与国际生态学校串联，依托环保与教育部门、民间组织企业、名人大V的交流平台，全国各地的绿色学校可以选取国际上的其他绿色学校作为伙伴然后进行交流沟通学习。

第四章

学一学：国内外绿色学校创建案例及成效

第一节　欧洲绿色学校

欧洲各国很早就关注生态系统及各种类型的污染破坏对环境的影响，然而随着环境的社会、经济及文化角度日益引起人们的重视，可持续发展的理念使原有的环境教育概念更为丰富。1988 年，欧盟部长委员会（Council of Ministers）提出环境教育的目标是“提高公众对该领域的认识且能提出可能的解决方案，并以此为基础让每位公民积极行动，参与环境保护及资源的合理利用”。之后，1993 年欧洲议会（European Parliament）要求各成员国“将环境教育纳入各级各类教育中，强调学校的基础性作用，以及教师在制定与实施政策中的作用”。此后，欧洲各国制定许多政策保证学校环境教育的有效开展，特别是反映在各国教育目标、课程设置及实施等方面，并在全体学生参与，重视学生在环境中的体验，以行动为导向的教育等方面给予一定的政策导向，这些政策的内容及精神实质都为绿色学校所汲取。

1994 年，环境教育基金会（前身是欧洲环境教育基金会）发起倡导“生态学校计划”，至今，全世界已有 76 个国家的 51000 所生态学校。学校在欧洲的蓬勃兴起离不开欧洲绿色学校政策的制定与实施，其中既包括“生态学校计划”的内容，也包含欧洲各国将“生态学校计划”与本国实际相结合，制定的一系列相关政策。

虽然各国绿色学校的名称各异，有的国家称其为“生态学校”（葡萄牙的 Eco-Escolas）、有的称之为“绿色学校”（爱尔兰的 Green Schools），但它们都有共同的办学目标与宗旨，即让可持续发展的理念渗透到学校教学与日常管理工作之中，让所有的学生参与相关的决策、计划及活动，切实推动可持续发展目标的实现。

国际生态学校项目基于国际标准化组织发布的 ISO14001：2004 标准，该标准规定了对环境管理体系的要求，使一个组织能够根据法律法规等要求，以及有关重要环境因素的信息，制定和实施环境方针与目标。它适用于组织所确定的能够控制，或能够施加影响的那些环境因素。

环境教育基金会对创建生态学校（绿色学校）所具备的要素作了统一的规定，并把以下七个要素作为创建过程的核心内容，也就是“七步法”。任何学校都可以根据“七步法”开展绿色学校创建。这个过程鼓励社区、企业、NGO 等机构的广泛参与，但是学生发挥核心作用。具体内容为：建立生态学校委员会、开展环境评审、制订并实施行动计划、监测和评估、与课程建立联系、开展社会宣传和参与、制定生态规章。

①建立生态委员会：这是创建的核心步骤。该委员会将组织、指导学校的各项活动，由学校相关利益集团的成员代表组成，如学生、教师、家长、管理员、地方政府代表等。委员会采用民主的方式组建、运作，并鼓励学生自己提出行动方案。

②开展环境评审：对学校的环境进行检查与评估。学生亲自参与该项工作，可以从校园地面垃圾情况的检查到基础设施使用效率进行审查。

③制定并实施行动方案：对学校环境审核之后，明确需要重点

改进之处，以此制定行动方案，提出现实的目标及实施行动方案的日程表。

④监测与评估：确保行动方案按照既定目标实施，并对行动方案作必要的修改。对取得的成绩给予肯定，进一步保证环境教育在学校的顺利开展。

⑤与课程建立联系：在课堂内，围绕诸如能源、水、废弃物等主题组织教学。整个学校应该参与到实际的行动中，例如节约用水、废物的回收与再利用等。对没有将环境教育和可持续教育纳入课程的国家和地区，学校将提出建议使之成为课程的一部分。学校应努力将环境教育纳入课程之中，尤其是纳入科学、地理等学科。

⑥开展社会宣传与参与：将地方 21 世纪议程的内容及可持续发展目标直接引入学校，因为生态学校的创建过程涉及家长、地方当局、工商业界及更广泛的社区成员。鼓励学校与校外的组织、机构联系，并从中取得经验和技能。学校在制定行动方案时，应考虑所在社区，并通过公开课、集会、地方媒体向社区宣传其开展的有利于环境的行动。

⑦制定生态章程：学校制定生态章程来概括学生希望达到的目标。

上述的七个步骤均成为欧洲各国制定生态学校评估标准的重要依据，也是任何一所学校在创建生态学校过程中必须遵循的。学校要定期对开展的活动和方法以及对整个生态学校项目过程和效果进行评估。符合要求的生态学校将被授予绿旗，这是一个国际上对学校环境教育成绩的认可标志。

一、奥地利的生态学校

1986 年，在经济合作与发展组织（OECD）的支持下，奥地利发起了环境与学校行动（ENSI）项目，关注生态教育。此后在奥地利成立了 OECD–ENSI 工作组，工作组成员包括来自各类学校的 11 名教师、1 名联邦教育、科学与文化部的统筹协调人以及 1 名科学顾问（Peter Posch）。1995 年，在 ENSI 项目的基础上，奥地利又发起了两项行动："学校生态化（ECOLOG）"项目和"师范教育中的环境教育（ENITE）"项目，旨在通过环境教育行动促进师范教育的创新（参见 Posch/Rauch/Kreis，2000）。

表 4–1　奥地利"学校生态化"项目（ECOLOG）发展历程表

1986 年起	1. 奥地利 ENSI 工作组研究和设计活动。工作组由 10—12 名教师、1 名政府统筹协调人以及 1 名科学顾问组成。
1995 年	2. ENSI 决定将生态学校列为项目主题之一。奥地利教育部决定开展学校生态可持续发展项目。"学校生态化"项目得到理论上的发展，并积累了一定的方法论资料。
1996 年	3. 挑选 22 所试点学校；举行项目介绍研讨会。
1996 年	4. 试点学校开展生态化行动，ENSI 工作组以校外评估的方式进行监督。
1997 年 10 月起	5. 招募地区统筹协调人，构建区域管理体系。举行项目介绍研讨会。
1998 年 1 月	6. 增加成员学校，举办国家级比赛（约 150 所学校参加）。学校在地区统筹协调人的指导以及 ENSI 工作组和试点学校的支持下，开展生态化行动，为比赛做准备。举行地区培训研讨会。

（续表）

1998 年 10 月	7. 在林茨举行国际 ENSI 大会。
1999 年 3 月	8. 公布比赛结果。
1999 年 6 月	9. ÖKOLOG 第三阶段开始。
1999 年 11 月	10. 地区支持工作组组成“地区支持工作组联邦会议”。
2000 年 6 月	11.“地区支持工作组联邦会议”和教育部决定开发建立生态学校网络。动员学校加入该网络。
2001 年 10 月	12. 发布生态学校网站和手册，举办第一届国家生态学校网络大会。
2002 年	13.“地区支持工作组联邦会议”决定每年的焦点话题。 生态学校网络主要关注可持续发展教育。
2002 年和 2004 年	14. 焦点话题是“环境学习地（Learnscapes）”，源于 ENSI 环境学习的项目成果。
2003—2005 年	15. 焦点话题是“学校餐饮与可持续发展”。
2005 年	16. 焦点话题是“气候变化与公众参与”。

在奥地利的学校生态化项目中，生态化是指为实现可持续的生活质量，在知识、物质、空间、社会和情感层面形成人与环境的关系。这一定义表明：生态化不是一蹴而就的，而是持续性的任务。它不仅是学校的责任，而且是整个社会体系中各机构各部门的责任。“环境”一词不仅包括自然和技术环境，还包括社会和知识环境。

为实现生态化，奥地利的学校从三个层面开展行动：教学层面、社会或组织层面，以及技术或经济层面。生态学校在这三个层面上都非常活跃。它们把这三个层面的活动进行有效结合，并将在这方面的努力作为其教育理念的固有特征。从这个意义上讲，生态化的内涵包括意识和行为、社会结构以及对环境质量产生的可量化的显著影响。

而从另一个意义上讲，这是一种广义的教育观。

通过教学层面的活动，学校致力于创造一种寓教于乐的学习体验，让学生不管在学校、家庭还是社会中，都能从生态角度去思考、去表现、去感受。这里强调的学习是一个动态概念，学生不仅要为未来学习知识、增加阅历，还要为当下构建良好的生活和工作、学习条件（Elliott，1994）。

在社会或组织层面，学校致力于构建、营造一种交流和决策的文化环境，以及相互认同、相互尊重的社会氛围。

在技术或经济层面，学校致力于从生态角度合理节约利用自然资源。措施包括节约资源、减少废弃物、兼顾美学和生态学合理规划室内外空间，以及营造健康的生活环境。

1. 在奥地利，如何成为生态学校或 ÖKOLOG 学校

要成为生态学校（ÖKOLOG）网络的成员，学校需先提交申请。申请要有学校工作组统筹协调人和校长的签字，表明这是学校的内部决定。学校还要提交一份年度报告，介绍至少一个活动。报告格式标准，要阐明活动过程和成果。感兴趣的学校可以参考以下十个步骤：

步骤 1：校内各方意见统一

步骤 2：成立学校工作组，选出一名统筹协调人

步骤 3：分析学校现状

步骤 4：明确优先事项

步骤 5：制定目标

步骤 6：制订行动计划，确定要开展的项目

步骤 7：实施计划，记录计划发展的各个环节

步骤 8：控制成果，反馈进展

步骤 9：庆祝成功，增强团队士气

步骤 10：将成果和经验融入日常教学生活中

上述这十个步骤的核心在于创新：需要学校内部意见统一；成立学校工作组可视为在学校体制中设立“管理中层”，以实现学校管理的可持续发展；后续几个步骤都是为项目开展服务的。鼓励学校积极解决能源消耗等“硬话题”，以及学校风气等“软话题”。

ÖKOLOG 网络成员学校的年度报告要体现全部活动，涵盖环境教育项目以及全校性的集体活动，包括制订学校计划以及为国家环境奖（Umweltzeichen）所做出的努力。Payer 等人（2000）指出：“生态学校更广泛更积极地参加环保活动，采取了更多减排措施，制定了更具体的未来发展规划，与其他机构和企业的合作也更多了……”

2. 奥地利生态学校典型案例

（1）马特斯堡高中商业学校

该校有 14 个班级，约 350 名学生和 35 名教师。学校位于郊区，教学楼很老但翻新过。学校开设了一门名为“生态管理学”的特殊课程，为学校的生态化行动提供了实践基础。四年的在校时间里，由学生、教师和校外专家组成的工作组提出了能源管理的概念，制定了废弃物管理规划，发起了改善校风的行动。具体措施包括：“生态管理班”的学生采访了 140 名校友（16—19 岁），了解他们在校内的幸福感，并让他们提出建议。多数学生都有一些抱怨，比如在午餐时间等较长课外休息时间里，找不到适合休息或学习的地方。于是一组学生便做出相应规划，设计了用于学习和休息的场所。基于这些规划，项目班级的学生再次采访校友，发现提出的这些改革措施很受欢迎。在一次公开展示中，这些改革措施以及生态学校的理念也得到公众的广泛支持。

为“绿化”教室和楼层，学生们请来一位植物学家。在专家的指导下，他们设计了一套种植方案，测量光照强度，买来花盆，种上了植物。

一位参与该活动的教师在项目总结时发表了这样的感慨：“我们与学生的关系确实发生了变化，彼此间了解更深了，这是一种伙伴关系，大家目标一致，权利平等，我们从彼此那里感受到‘人性’的一面。没有这个项目，我们可能还意识不到这些。”

第二年，学校食堂开始采购当地生产的健康食物。该校是第一批奥地利“学校与教育机构国家环保奖”的获奖学校之一。（Pfaffenwimmer，G.，1998）

（2）维尔弗拉赫（Würflach）小学

这所学校规模不大，共有1—4年级59名学生。学校及其4名教师一直都有营造寓教于乐的学习氛围以及致力于环境和野生动物保护的传统。其中一名教师担任学校项目协调人，定期召开小组会议，举行讨论会对项目进展和成果进行评估。

他们近期的一个项目主要关注学生文具的质量和环保情况。如何让使用环保型文具成为学校的特色？这在教师团队中引发激烈讨论，因为此前他们很少注意到学生文具的环保问题。一位老师说：“回想了一下，这个问题我们之前几乎从未考虑过，这让我们很担忧。”

仔细分析了各班情况之后，老师们发现一切得从头开始。校长组织召开了一次家长会，还邀请了一位省环境咨询委员会的代表。家长们对这个问题非常感兴趣，在随后的讨论中也提出许多不同观点。

最终有 92% 的家长支持这一项目。但显然一次活动并不能保证项目的持续性。因此，在每年一年级新生入学要买文具之前，都有必要召开这样的家长会。

一位家长在了解项目之后这样评价道："我真的很感谢在各年级推行的环保文具项目。这项工作仅靠家长难以完成，因为还需要孩子们从内心去接受这样的变化。孩子们喜欢亮晶晶的东西，他们往往会攀比。当大家都用环保文具时，孩子们也就不再攀比了。我女儿现在用的都是很普通的彩色铅笔、橡皮、书皮等文具，她很自豪，觉得这些文具很'酷'。"（Spritzendorfer，E.，1999）

二、英国的生态学校——考克茅斯学校[①]

考克茅斯学校位于英国西北部曼彻斯特附近康布里亚郡的考克茅斯镇，是一所为 11—18 岁学生开设的全日制非寄宿学校，主要为考克茅斯镇及其附近的小镇服务。学校无论是在地区还是国家内部都有很高的名声，其地理位置也十分优越，位于西部湖区的边缘，对外沟通能力较佳。在校学生 1400 余人，学校将学习和个人成就放在教学的核心地位，近几年来，学生的学业成就一直高于全国平均水平。学校本身在社区里是一所高水平的专业学校，为学生营造了一个愉快和有意义的学习环境。学校特色是数学、计算机和语言教学，但是所有的科目都有相同的教学地位，课程宽泛、多样、灵活。该学校也致力

① http：//www.cenews.com.cn/xwzx/jy/qt/200809/t20080918_589866.html.

于发现和开发有特殊才能的人才，立志为每一个学生带来自信自立自尊和团队所需要的工作能力。学校价值观和信仰的核心是坚信社区的每一个成员都很重要。在学校里，无论是硬件设施还是课堂教育，无不渗透着生态、环保的理念，该校是英国1万所生态学校中的优秀代表。

（1）以环境审核为切入点，制订生态学校的发展计划

2007年，由学生、教师、当地政府官员和校外机构代表组成的环境委员会，对学校建筑设施和场地进行了一次全面的环境审核。在审核中，委员会成员就学校所有区域的环境因素进行了评价，并根据环境审核的结果制订了学校的生态计划，鼓励学校和社区的所有人员参与到良好的环保实践中，包括让学生们了解学校在节约能源和减少废物排放方面所做出的努力、个人在学校中有助于节约能源和保护环境的行动等。此外，委员会还对计划的实施进行了监督。校议会的学生、教师和员工，把整个方案内容与学校和社区的人们分享，广泛征集公众的建议，以便更好地指导下一阶段的工作。

（2）将可持续的理念渗透到课程和活动中

学校注重在教学过程中对学生进行环境教育。如在语言课中，设置了有关环境保护可持续发展的作文题目；在数学课中，让学生参与计算学校节能所带来的碳减排量；在设计课中，让学生们了解环境友好产品等。此外，学校还组织各种报告会和讨论会，让学生了解某些环境问题的专业信息。

利用实践活动增强学生的探究能力和创造力，也是这所学校可持续发展教育的一大特色。在学校设立的企业日上，所有8—9年级的学生会制作生态产品，制订商业计划，把他们的产品在校内外出售。学校的生态中心是一个可持续发展教育的交流平台，经常会有家长、

志愿者组织和各种公立及私立机构来学校参观访问。学校利用这个机会，让教师、学生都成为讲解员，为客人们讲解生态中心的环保设施和节能理念。学校与区议会、英国环境保护信托等机构建立了良好的关系，并从这些组织中定期获得最新信息，通过学校期刊把这些信息与学生及家长分享。学校师生还积极参与社区建设项目，大家在毗邻学校的社区林地上种植了1000棵树，并拓展出一片湿地草场。学校还计划重新开发利用一个鱼塘，作为周边社区开展环境教育和休闲的场所。

（3）用生态的“尺子”衡量学校的硬件建设

学校还在校园建设中将生态的理念贯穿其中。学校建成了一座符合可持续发展理念的生态建筑——麦克·维尔德生态中心，考克茅斯学校的麦克·维尔德生态中心位于考克茅斯小镇的市场和湖区国家公园的边缘。麦克·维尔德生态中心是一个令人激动和兴奋的创新空间，被广泛地用于志愿团体的教学和学习以及企业活动。中心拥有专业的生态团队，包括由员工、主管人员以及社区代表所组成的生态中心管理团队、由员工、学生和主管人员代表组成的生态团队以及由员工和学生代表组成的geo-watch团队。中心内部建筑是可持续设计的典范，比如建筑材料均使用各种再生材料，设有雨水收集设备，建筑外观上敷设森林覆盖层以发展种植计划，鼓励土著物种，挖建池塘，保护物种多样性等。它是用再生的和可持续再利用的材料建造而成的，具有很高的能源利用率。建筑物墙体材料是建筑废物经加工所制成的板材，大大减少了对钢筋水泥的消耗。建筑物顶部天窗的设计不仅使室内有很好的自然光照，降低了照明耗电，还改善了室内的空气质量。学校用回收的纸张和羊毛作为建筑物的隔热材料，地毯全部由回收材料制成。这座建筑已成为学生们学习的“活”教材，他们不仅研究建筑所使用的环保技术，还探讨从个人行为上，如何把这座建筑的环保功能充分发挥。

在生态中心的入口处，有一个电子显示板，动态展示了这座生态建筑所利用的各种可再生能源量，如风能、光能、地热能以及由此带来的碳减排数量。这个电子显示板成了学校师生量化其环保成果的一个成绩单，成为大家津津乐道的事情。值得一提的是，生态中心的多媒体教室提供最新的科技，包括高质量的视频会议系统，以帮助学生更好地获得对新技术的认知。

三、瑞典的生态学校——哈瓦斯郭顿斯（Halvarsgårdarna School）学校[①]

瑞典哈瓦斯郭顿斯学校位于瑞典伯额仑市达拉那镇。学校开展环境教育的主要特点如下：

1. 注重员工培训

在了解学校教职员工的环境问题和环境教育的知识不足之后，为了提高他们的环境教育能力，学校很快决定派教师参加“环境与未来信念培训班”。同时参观附近城市的“生态学校”；不久学校的老师又接受了 21 世纪议程协调员的培训，掌握有关全球环境问题。

① http：//www.bjee.org.cn/cn/news.php？ news_id=5072.

2. 环境教育和健康教育相统一

“环境健康教育”已经成为一个新词，这也是国际上的一个流行趋势。特别是在这所学校中，环境与健康被紧密联系了起来。

3. 全员参与

鼓励学校全体人员都参与，包括学校管理人员、教师、后勤员工、学生，而不是只针对学生。这一点在《瑞典绿色学校奖指导手册》开头明确指出：“绿色学校最本质的特征是，学校里的所有孩子、学生和教职员工都是实现社会可持续发展的积极参与者。”而且还规定每个人都有机会参与学校安全和健康政策的制定。当然最重要的还是学生的参与。学生们做了大量的校园调查工作，特别是标准 D——自然环境部门的指标要求很适合学生进行调查。例如学生们调查学校的食堂食品是否健康？学生喜欢什么食品？不喜欢什么食品？每天扔掉多少食物？此外，学生还调查了教职工工作场所，学校操场等地方。最后学生们提出了大量的有益于环境的措施。4—6 年级的学生由于在调查中积累了一定的经验，还参加了全国性的“环境侦测”竞赛活动。6 年级在竞赛中还获得 2.5 万瑞典克朗的奖金。

4. 校园环境调查

城市的“21 世纪议程”协调员为学校提供了很大帮助。他们为学校制定了对环境可能有影响的因素和设施目录，也称作《环境清单》，并带领教师员工按照《环境清单》逐一检查，通过检查和测量，发现了废置的水银气压表、胶水、油漆等有毒化学品。后来学校妥当处理了这些物品。而且以后购买物品的过程也加强了环保的审核，使购买的物品更加环保。

5. 以实现社会和政治目标为导向

在绿色学校活动中，突出了培养和锻炼师生的行动能力与社会其他组织部门以及当地社区的合作，以实现社会行动目标为导向。这在某种层面上也为教育改革提供了启示，即任何教育改革如果没有各级政府，特别是当地社区、师生员工和家长的参与，就不可能成功。因此可持续发展教育的改革更需要从社区实践层面找到突破口。

6. 主要工作领域

◇垃圾分类：分成玻璃、有机肥、金属、纸张、厚纸板、焚烧废物。

◇将食堂中的有机废物积肥。

◇开展垂钓、郊游等户外活动。

◇种植土豆、叶菜、果树、野莓灌丛、花卉。

◇节水。

◇节电。

◇学生饮用有机牛奶、教师饮用有机咖啡。每年秋天举办有机食品周活动，其中 70% 为有机食品。

◇每年春天和秋天，组织学生和有兴趣的家长一起举办“环境主题日活动”，全部活动都在户外，包括植树、清洁、烤面包、制作物品、骑马、收获、调查溪流、建筑、校内游乐场。

◇鼓励不同年级和不同班级的学生在一起开展活动。

◇鼓励学生进行自己的独立研究。

◇营造学生之间的友爱和关心，避免互相欺负和校园暴力现象，创造好的工作学习环境。

◇学校通过班委会、学生会、家长委员会、环境委员会等组织和活动，鼓励学生参与解决环境问题和讨论环境问题。家长们非常热心，坚定地支持学校绿色学校项目。

7. 来自外部的支持

◇ 21 世纪议程协调员为学校提供大量有用的专家联络方式、帮助学校撰写行动计划和报告，制定《环境清单》。

◇瑞典“珍爱空气协会”为学校提供资助。

◇报纸给予学校大量的报道和宣传，提高了学校的知名度和声誉。

◇更多学生们希望来学校读书。

◇通过绿色学校项目，学校有机会与南非的一所学校结成“手拉手”学校，开展了“袋子项目”。由于南非塑料袋污染问题特别突出，因此学校组织老师和学生制作了大量的布袋子，送给这所南非学校。

8. 管理和沟通

由于学校老师和学生人数很少，因此学校动员所有的管理人员、老师、职员和学生都参加活动，并划分职责，每个学生小组负责一个方面的工作，由一个老师来领导。由于人数少，沟通得非常好，效果不错。同时绿色项目还受到校长、学校委员会、地方政府、21 世纪议程管理部门、全国教育局的帮助和支持，不仅有精神的支持，还有资金的支持。

四、罗马尼亚的生态学校[①]

1.“米哈伊·爱明内斯库”（Mihai Eminescu）体育学院

学校位于罗马尼亚的瓦斯卢伊，是一所城区公立学校，有 664 名学生，54 名教师，学生年龄为 6—15 岁，学校开展了水、能源、废弃物及生物多样性主题的生态学校创建活动。

学生创新性解决废物回收利用的问题：

◇ 用各种回收材料制作艺术品；

◇ 穿上用各种回收材料制成的服饰进行时装展览；

◇ 举办环保主题的绘画作品展；

◇ 分拣收集可回收利用的物品，如家用电器（电视机、CD 机、收音机、咖啡机、吹风机、料理机、吸尘器、电动剃须刀等）、电脑主机、显示器、打印机、复印机、键盘、鼠标、废电池、坏灯泡等。

学生在校学习生活中，尽量使用自然光，节约用电。

学生参加植树活动，增加大气中的氧含量，保持树林附近空气质量，保护环境和人类健康。

学生经常清理校园和树林附近丢弃的不可降解垃圾。

高年级学生制作视频短片，提高人们的环保意识。

（http：//www.scoala6vaslui.ro/clipuri_video.php）

---

① 国际环境教育基金会（FEE）罗马尼亚成员，Centrul Carpato Danubian de Geoecologie 组织提供。

2. 基姆那扎拉学校（Şcoala Gimnazială，Grigore Antipa）

基姆那扎拉学校位于罗马尼亚的博托沙尼，为一所城区公立学校，有 896 名学生和 54 名教师，学生年龄为 6—15 岁。

该校开展了废弃物和气候变化主题的生态学校创建活动：

绿色城市—健康城市

学生在学校附近公园里种植了枫树、角树、橡树、柳树等 60 多棵树。该活动得到博托沙尼市政厅和博托沙尼林业部门的支持，旨在提高人们对于绿地在人类健康和环境方面重要性的认识，采取措施应对环境变化。

用环保服饰展示文学形象

学生用可回收利用的材料（如塑料袋、废旧报纸、杂志、日历、针织物、鲜花包装材料等）手工制作文学作品中的人物服饰（如小红帽、白雪公主、灰姑娘、《绿野仙踪》里的桃乐茜、《美女与野兽》里的贝儿公主、花木兰、《彼得·潘》里的小仙女、拇指姑娘等），并在同学和家长面前展示。这一活动表明各种废弃物都能被更好地重复利用。通过该活动，学生提高了创新能力，家长也被带动起来，关注废弃物的回收利用，减少资源浪费。

保护生命，保护地球

为庆祝“4.22 世界地球日”，学生走上博托沙尼街头开展活动。他们设计并向市民分发关于环境和生态保护的传单，提高当地民众的生态教育和意识。他们希望能更好地了解当地民众对温室气体减排政策和措施的需求。当地媒体也对该环保活动进行了报道。

第二节　亚洲绿色学校

一、日本绿色学校

日本绿色学校政策出台的直接背景主要有以下两点。一是从学校设施与削减二氧化碳排放量的关系讲，学校设施要成为削减环境负荷的设施。二是从学校生态园与保护生物多样性的关系讲，学校校园要成为保存地区自然生态系统的生态园。

1. 学校设施与削减二氧化碳排放量的关系

近年来，地球温暖化、臭氧层破坏、酸雨蔓延、土地沙漠化、热带林减少、大气污染、水质污染、海洋污染、有害废弃物越境转移等全球性环境问题已成为世界各国的共同课题。进入 20 世纪 90 年代，为应对全球性环境问题，日本政府相继制定了《防止地球温暖化行动计划》《环境基本法》和《环境基本计划》等一系列环保政策相关法规，试图加强保护地球环境工作的力度。1997 年防止地球温暖化京都会议采纳的《京都议定书》就二氧化碳排放量的削减目标各国达成协议：欧洲各国平均削减 8%、美国削减 7%、日本削减 6%。以此为契机，世界环境保护运动掀起了新的高潮。

说到底，环境问题实质上也是节约能源和资源问题。陶瓷、钢铁、玻璃等材料制造业因消耗庞大的能源，相应的二氧化碳的排放量也相当大。在日本，这部分排放量占社会总体二氧化碳排放量的12.8%。此外，由建筑业产生的二氧化碳排放量的比例也是相当大的。据日本建筑学会（会司）1990年前后着手的关于建筑业中二氧化碳排放量的调查结果显示，二氧化碳排放量与能源消耗大体成正比。如，向建筑工地搬运材料的卡车等产生的二氧化碳排放量占社会总排放量的3.4%，供暖、照明、电梯等建筑物运用时伴随能源消耗而产生的二氧化碳排放量占社会总排放量的1/3。而制造业、运输业和建筑业都是与学校设施密切相关的产业。这意味着学校设施也与环境问题息息相关。

那么，学校相关设施在学校教育活动所产生二氧化碳排放量中占有的比例究竟多大？据日本绿色学校调查研究协作者会议利用总务省发表的相关统计数据推测，1990年度，全日本国立、公立学校二氧化碳排放量为1250万吨，约50%与学校设施相关。其中，“新建筑工程”项目约占21%，因为所使用资材的制造、资材的搬运与施工等环节都伴随着二氧化碳排放，所以要尽可能利用制造时二氧化碳排放量少的资材、施工时注意节能、选择绿色购物等，这是可以做到的。“改建工程”项目约占4%。“设施管理”项目占约1%。“机器更新”项目也可以通过绿色购物间接地削减二氧化碳排放量。“电力”“燃料”“上下水废弃物”三个项目因伴随着水、光、热的利用而有二氧化碳排放，因此学校设施的节能化、节水是必要的。另外，据推测，在全日本私立学校，1990年度二氧化碳排放总量为870万吨，约40%与学校设施相关。这表明，私立学校与国、公立学校一样，二氧化碳排放量占的比例相当大。同样，在“新建筑工程”“改建工程”“机器更新”等方面，通过绿色购物、节能、节水等对策，完全可以削减二氧化碳排放量。当然，设计监督与设施管理也无形地、长期地左右着二氧化碳的排放量，这时，重视绿色购物是非常重要的。

鉴于上述认识，1993—1994 年度，文部省委托日本建筑学会开展了“关于考虑环境的学校设施（绿色学校）（笔者注：像这样，在日本文部省等政府文件中，通常将‘关于考虑环境的学校设施’和‘绿色学校’两种表述共同使用，以下简称绿色学校）应有状况的调查研究”，建筑学会接受该委托后组建了“绿色学校小委员会”，对学校建筑方面的有关事项开展调研。同时，1994 年文部省专门设置了“绿色学校调查研究协作者会议”，1996 年该“会议”提出《完善绿色学校》报告书，归纳总结了推进完善绿色学校的基本想法与方案，并就被认为可导入学校设施的各项技术性方法列举了实例。1997 年该“会议”还编制了介绍特色绿色学校先进事例的资料集《绿色学校的技术性方法调研报告书》，明确指出，为适应与环境相协调的 21 世纪，学校设施也有必要从环境保护的新视点采取相应对策。同年，日本建筑学会发表声明：“为面向实现可持续社会，阻止地球温暖化，降低不可再生资源的消费，今后建筑物要将建筑物产生的环境负荷 LNCCO2 削减 30%。”同时还宣称，要将现在被认为 35 年左右的建筑物耐用年数（寿命）延长到 100 年。而实现这一目标的基本措施，是变革建筑模式（价值观）、采用先进技术削减材料生产和建筑物运用时的能源消耗、完善相关法制和树立考虑地球环境的生活方式。该学会还指出，建筑业涉及建设、运营、改修、解体与废弃等过程，而每个过程都伴随着能源消耗，并产生二氧化碳。

许多人认为，与社会的其他设施相比，学校设施的能源消费量并不算高。但是，从日本全国总体范围来看，其能源消耗量是相当庞大的。所以，有必要创造条件，如利用空地植树绿化、利用太阳能发电等，以充分利用自然能源，改善学校环境，推进环境教育的深化与发展。学校是社区的中心，是社会的重要有机组成部分，承担着培养人才（如对学生进行环境教育、科学素质教育等）的特殊使命。以往，在日本，为满足社会需求，在加强学校设施建设上，过于注重设施的数量（增建、扩建）。如今，包含全国的国立、公立和私立学校在内的日本学校总建筑面积约达 3 亿平方米，约占业务用建筑的 1/4，约 2500 万人（相当于总人口 20%）在使用它。

可以想象，考虑到学校设施的总体面积和利用人数，各学校所消耗的能源总量是相当庞大的。况且，今后，学校设施作为支援多样化学习活动的重要基地，越加追求其高性能、高舒适性，这样，将来学校能源的消耗总量势必还会进一步增加。由此看来，学校也是能源消耗大户，是影响周围环境不可忽视的重要因素，它不仅为社会培养和输送大批合格人才（生产者），同时还是环境问题的“制造者”（消费者）。鉴于这种情况，文部科学省认为，面对进一步完善、维护和管理今后的学校设施，采取试图降低环境负荷等环境对策，创建新型学校设施，扎实推进绿色学校事业的发展以及学校环境教育的有效落实，则是 21 世纪日本学校的一项重要课题。

2. 学校生态园与保护生物多样性的关系

不仅如此，随着对保护生物多样性的不断重视，在日本，学校生态园的建设也日益成为学校的重要课题，并日渐显示出它对于保护生物多样性的重要性。所谓生物多样性是指地球上生息、生育的野生生物种的多样性、野生生物种内（个体群、基因）的多样性以及作为生息环境的生态系的多样性。

保护生物多样性是现代保护地球环境中的一个重要课题。据日本环境省的调查显示，在日本，哺乳类3种中的1种、鸟类5种中的1种、爬虫类和两栖类3种中的1种、淡水鱼类3种中的1种、植物类4种中的1种濒临灭绝。这些濒临灭绝的野生生物不限于原生态自然中生息的生物，也波及全国各地人们身边常见的野生生物。为了确保生物多样性，首先要确保各地区野生生物生息与生育的土地。许多野生生物在一年或一生生活中需要树林、水边、草地等多种自然生态。而且，为防止近亲交配，野生生物需要移动，与其他群体的基因进行交流。所以，保存连续、多样的自然环境是保护野生生物多样性的重要前提。

在全日本，各学校利用所占土地营造地区野生生物生息与生育的空间（学校生态园），这对于保护生物多样性是极其必要的。学校生态园一方面可以起到地区野生生物移动中转站的作用；另一方面，它是被学校保护的土地，在相当长的时间里，这片土地作为野生生物生息与生育的空间以及生物基因保存基地将发挥重要机能。

近年来，在日本，学校生态园的建设与发展迅速，它从一定侧面和领域支持和促进了绿色学校的发展，成为绿色学校内容的一个重要组成部分。《面向绿色学校的现状和今后的完善与推进》报告书（2002）就绿色学校完善的目的明确指出，绿色学校不仅要考虑教育学习设施的特性，削减环境负荷，还要将学校生态园作为进行关于地球环境问题重要项目之一的保全生物和生态系的环境教育基地纳入视野，从而正式指出了学校生态园建设的地位和意义。在德国，学校生态园被称为“野外实验室”。

同报告指出，所谓学校生态园，是指作为儿童学生的环境教育教材，在学校用地内创建的地区野生生物可以自立循环生活的空间。报告要求，在学校生态园的建设过程中，学生从生态园建设的计划阶段就要主动参与，思考地区的自然现状和地区野生生物状况，通过儿童学生的反复试行错误的过程，来努力使他们身边的生活空间（学校）变革为与自然共存的学习环境。通过一系列作业，儿童学生就会意识到学习地区自然、思考自然的重要性以及主动保护自然的必要性。

另外，学校生态园还是学校与地区联结的桥梁。通过学校生态园的建设，地区居民、环境 NGO 等支援儿童学生环境学习活动的事例日益增多。它还是推进创建与自然共存的地区的据点之一，是地区创建绿色之网（生态系）的一个重要结点。

3. 绿色学校项目在文部科学省文教实施政策中的位置

绿色学校项目的设定揭示了今后学校办学的一个发展方向，即学校设施也要站在环境保护的立场，并从有利于开展环境教育的视角重新加以考虑和认识。为防止地球温暖化等环境问题的深刻化，学校办学理念必须更新，不仅在课程与教学活动中对学生实施环境教育，还要在学校建筑设施层面进一步考虑对环境因素的影响。基于此，文部科学省《教育改革计划》（1998 年）和《关于地球环境问题的行动计划》（1998 年）等实施政策都对绿色学校的基本理念和做法做了明确阐述，试图进一步推进和完善绿色学校事业的发展。

关于今后如何具体推进绿色学校事业的发展，《教育改革计划》“（5）充实环境教育等——对应地球环境问题”强调指出：“为具体实施与推进太阳光发电、太阳热利用、绿化、节能节资等绿色学校事业的发展及其实证性研究，从 1997 年起，文部省将与通商产业省合作实施‘试验模型事业’，同时还要将这些设施作为活的环境教育教材加以充分利用。”《关于地球环境问题行动计划》“（5）节能、节资、对应新能源”“（1）完善有益于环境的文教设施”“①完善绿色学校”也强调指出：“在学校设施上，要建设具有对应削减环境负荷之策略的设施。因此，为具体开展和推进太阳能发电、太阳热利用、绿化、节能节资等绿色学校的发展及其实证性研究，从1997年至2001年要继续与通商产业省合作实施‘试验模型事业’。同时还要推进‘户外教育环境改善工程’中户外运动场所的绿化等，并将这些设施作为活的环境教育教材加以充分利用。”可以看出，文部省已将绿色学校事业明确地纳入国家文教实施政策之中。一方面这意味着文部科学省对绿色学校事业给予高度重视；另一方面也表明绿色学校已成为21世纪日本学校办学理念的一个重要组成部分。

4. 文部科学省等关于完善绿色学校的财政补助制度

绿色学校的含义和内容不同，政府对绿色学校的支持政策也随之不同。在日本，政府将绿色学校界定为“完善考虑环境的学校设施”。也就是说，日本绿色学校内涵相对较窄，涉及较多的是学校的硬件设施与设备。因此，日本政府对绿色学校的建设给予了积极的财政补助制度，而且分工明确、具体。

（1）关于公立学校中完善与推进绿色学校的示范工程

现在，地球环境问题日益成为重大社会问题。这就要求在建设学校设施时也必须对应削减环境负荷。基于这一想法，在遵循该工程宗旨的前提下，文部科学省与经济产业省携手实施了这项工程。该工程的一个重要内容是，在预算范围内实施部分经费支援措施。截至2001

年 3 月，约有 150 所学校实施了这项工程。

文部科学省负担的费用包括两部分：一是为策划制订基本计划所需的调研经费；二是为完善建筑物等所需经费。经济产业省负担的经费为太阳光发电等新型能源导入相关预算的优先性补助经费。

补助对象学校是公立中小学校、中等教育学校、特殊教育学校、高中及幼儿园。

补助率为：调研经费全额负担补助。建筑物等完善费中，新增建工程补助 1/2，大规模改造工程补助 1/3，导入太阳光发电等新型能源工程补助 1/2。

这项工程具体由文部科学省大臣官房文教设施部设施企划科、文部科学省初等中等教育局设施助成科、经济产业省资源能源厅节能新能源部新能源对策科协同担当部署。

（2）关于私立学校中完善与推进绿色学校的示范工程

学校法人设置的私立高中等，为建筑考虑环境的设施（绿色学校）而进行校舍改造工程时所需要的部分费用和实施计划所需要的部分费用，文部科学省给予财政补助。也就是说，补助的对象只限于校舍的改造工程。

实施补助的学校包括私立中小学校、中等教育学校、特殊教育学校及高中。补助对象的经费（补助率）在 1/3 以内。这项工作具体由文部科学省高中局私学部私学助成科担当部署。

二、韩国环保示范学校

韩国有多个与生态学校有关的项目，如森林生命环保组织旗下校园林地委员会领导的校园林地项目，甘地学校和绿色之梦（Purunkum）学校等生态友好学校，京畿道21世纪议程行动理事会组织的环境实践项目，韩国环境部联合教育与人力资源发展部在全国开展的环境保护示范学校项目等。从宣传广泛性、环境教育ENSI（环境与学校行动）方法、教学构建方法以及各利益相关方参与情况等方面，来重点关注其中的环境保护示范学校项目以及校园林地项目。

1. 环境保护示范学校项目

（1）总体特征

环境保护示范学校是环境部联合教育与人力资源发展部在全国范围内开展的项目。学校可申请成为示范学校，韩国政府部门会对其资格条件进行审查和考核。如果被评选为示范学校，该校就需要按照指导方针工作两年。在这两年内，政府会以各种方式为其提供管理和资金上的支持。

（2）明确要求

环境保护示范学校项目目标如下：

◇　通过环境教育，引导下一代保护环境要从日常生活做起。

◇　通过树立和宣传典型案例，强化系统性的环境教育。

◇　明确正规环境教育面临的重要挑战，提出解决方法。

环境保护示范学校基本管理方向如下：

◇　发现并广泛传播示范学校的优秀案例，宣传环境教育。

◇　通过示范学校项目，提高学校、家庭和当地社区对环境保护的兴趣。最终目标是鼓励韩国所有民众都参与到环保运动中去。

◇　为当地社区选择环保活动主题，并与当地NGO组织开展合作，使教育更加实用化、优质化。

环境保护示范学校的评选以各学校自愿申请为前提。教育部负责评选工作，环境部在资金和管理方面提供支持。评选标准如下：

最低标准

◇ 学校有想成为示范学校的意向。

◇ 学校之前未被评为示范学校。

◇ 初中学校已经（或将要）把“环境”设为选修课，或将一半以上时间用于开展环境教育自主活动。高中学校已经（或将要）把“生态与环境”设为选修课。

优先标准

◇ 学校有望在环境教育方面有突出表现，所在地易对周边区域产生积极影响。（如果学校位于人口密度过大地区、工业中心、水源保护区、湿地保护区、生态保护区以及相关环境法中特别作出规定的区域，政府会优先考虑位于上述地区的学校）

◇ 学校师生积极参与当地环保活动，为环境保护做出巨大贡献。

◇ 学校教师在社区环境教育、全球气候变暖以及地球环境相关教育方面，拥有丰富知识，或者主修或辅修环境专业。

深层标准

环境保护示范学校指导方针包括运行组织团体、实践环保主题以及完成环境部提出的首要任务。

运行组织团体

政府鼓励学校去运行组织团体。可运行的组织包括研究开发教材、负责环境教育的工作组，以及环保志愿团体，如课外活动小组、热爱家园小组、环保小组、环保家长组、环保荣誉教师组等。尤其鼓励学生和家长参加后面的那几个小组。此外，政府还鼓励学校与当地环境管理部门、环境机构以及民间环境组织开展合作。

实践环保主题

政府鼓励学校选择并去实践能反映当地区域特征的（如城市／农村、渔业区、工业中心、商业区等）有特色的现实环保主题。不太建议选择过于普遍或已有的主题。

首要任务

主要包括以下三大任务：

◇　开展环境教育的系统化教学。

◇　通过课外活动，提高学生的环保意识。

◇　与社区公众建立环保公共关系，并为其提供指导。

环境保护示范学校发展和管理流程

流程主要包括评选、管理和评估。

示范学校评选

韩国环境部要求教育与人力资源发展部以及地方教育部门来开展示范学校的评选工作。示范学校依照前面列出的标准进行评选，涉及学校环境选修课的开展情况、学校所在地情况、学校对环保活动的参与程度，以及学校教师的环境知识或专业背景等。

示范学校管理

成功被评为环保示范学校后，学校需按照环境部指导方针工作两年，各阶段工作参见表4-2。第一年需完成规划、准备、实施、评估、检验和修改，第二年工作内容包括实施、成果分析、报告会和推广。

示范学校工作评估

评估包括以下三步：示范学校工作报告会，环保意识和实践调查，以及学生自我评价。

每所示范学校都要举行一场工作评估报告会，邀请环境部和当地教育部门的官员、当地其他学校领导和环境领域的教师，以及上级组织的负责人参加。

此外，在示范学校开展前后，需要对学校成员的环保意识和实践参与程度进行调查和抽样研究。实验组对象为示范学校的学生、家长和教师，对照组对象为附近其他学校的学生、家长和教师。问卷内容包括能反映调查对象环保意识和实践参与程度变化的问题，有时也会使用环境部提供的问卷。最后，学生需要完成自我评价，这时就会使用到学生在示范学校开展期间准备的环保记录卡。

表 4–2　示范学校工作流程

分级	阶段	具体内容
第一年	规划	基础研究和分析，查阅以往研究资料。 决定环保主题和典型任务。 准备工作计划。
	准备	运行组织团体和任务分组。 准备教育地图规划工作。
	实施	建设环境教育相关设施。 通过相关课程和课外活动开展教育。 联系家庭和当地社团。 邀请咨询机构的专家。
	评估与检验	评估第一年的实施成果。 向顾问机构汇报。
	计划修改	第一年的课程回顾与修改。 规划第二年工作的开展和准备。 改造环境教育设施。

（续表）

分级	阶段	具体内容
第二年	实施	通过相关课程和课外活动巩固教育内容。 联系家庭和当地社区。
	成果分析	工作成果与评估。
	报告会	准备工作报告与观察指导。 举行示范工作报告会。
	推广	巩固、发展和推广。

2. 环保示范学校可获得的支持

韩国环境部以及教育与人力资源发展部会为环保示范学校提供不同形式的管理和资金支持。依照研究型学校的相关规定，环保示范学校可在师资配置、运行成本、环保领域教师奖励以及人事管理方面享受优惠。这些支持和优惠总结如下：

◇ 奖励：对象为环境教育领域的优秀教师和学生。

◇ 政府补贴：每所学校 800 万韩元（约合 6000 欧元）。

◇ 教材和讲师：音视频材料、各类环境教育教材、宣传册、其他文件资料以及校外讲师。

3. 案例研究

（1）韩国新荣小学

韩国新荣小学是海边一所规模不大的学校。学校位于江原道注文津的一个宁静的小渔村。当地几代人都曾在这所学校就读，因此村民对其有着强烈的归属感和亲切感。早上，人们会在校园里跑步、散步。

即使在上课时间，村里老人也可以来学校散步，周末校园有时还会被用作运动会场地。

不过，学校大门也是最近几年才开放的。几年前，学校周边三面都是松林。即使在白天，树林里都很阴暗，尖尖的黑松叶以及林地里风吹尘扬，孩子们都不愿靠近。

学校校长、副校长和主管环境的老师仔细考虑这一状况，认为可以对这片松林做些改变，让它变成孩子们娱乐和学习植物知识的场所，因为松林里还长有其他的沿海野生植物物种。

1999年，学校被评选为校园林地项目示范学校，该项目由森林生命环保组织发起，他们按照江陵市的要求，对树木进行适当修剪，进行森林保育。经过三天的工作，阳光洒进了松林，曾经的阴暗不再，透过树林还能一眼望到海边。之后，他们对林中的其他沿海野生植物进行移植，让它们在林中形成聚集带，每个聚集带周边还安上围栏。在林中铺上石块，做成探寻自然的小径。在树林一角，还安装了木制的游乐设施。学校教室里尘封已久的艺术石刻也被搬到小径旁，看起来自然和谐。

他们还决定在林中造一条窄道，划出一片小园林。小园林位置就在校门旁边，之前只有几棵圆柏，显得很空。他们移过来一块小草坪，种上几棵阔叶树。2000年，用570万韩元的经费购买了榆树、山茱萸、野胡桃、枫树、肉桂、泡桐等树苗。校友协会负责人解决了土壤的问题，运来六卡车的修路土。村民代表委员会和家长委员会每月安排30多人帮助植树。学校还向附近的部队求助，约60名官兵用了四天时间参与路面建设，把原来地面上的石块移走，铺上碎石。毫无疑问，参与热情最高的是学生们，他们亲手打造这片树林，不辞辛苦地搬石头、运水、培土。

2000 年 11 月秋播结束后，这片占地 500 多坪（约合 1650 平方米）的小园林终于完工。第二年春天，树苗全都存活了。春寒料峭，但看着绽放的杜鹃花，孩子们心里都暖洋洋的。

新荣小学的校园树林是三个项目的教育场所：研究森林生命、从实践经验中学习以及沿着小径进行观察。学生们每天两次沿着林中小径观察学习，通常是早上和中午。他们会观察跟昨天相比今天有哪些新变化，记录下哪些植物发生了何种变化，然后与其他同学交流讨论。

另外，树林也被用于开展“野玫瑰学习项目”。从幼儿园到小学六年级的学生都会参加该项目，每月两次、一次两小时，具体时间由教师决定。表 4-3 介绍了每个年级实地学习的科目和相关活动。

野玫瑰学习项目的教学场地不单面向新荣小学开放，其他学校的学生也可以使用。其他学校如果想用这片教学场地，需要提出申请，确定使用日期。新荣小学的面貌也发生了很大变化，越来越多的人前来学校参观。除了村民来校园里散步、运动、休闲娱乐，还有从其他地区学校专门赶来的参观者，来此观摩学习。不久前，从江陵市来了 70 个幼儿园孩子，参观了松林里的自然学习小径。

表 4-3　野玫瑰学习项目活动内容

年级	科目	活动内容
幼儿园	我爱野玫瑰	培养对大自然的兴趣以及基本的生存教育
一年级	很高兴认识你，野玫瑰	观察树叶的四季变化
二年级	跟我在一起吧，野玫瑰	观察植物的茎，了解五种贝类
三年级	野玫瑰的果实	观察植物的开花过程，了解五种贝类
四年级	野玫瑰的气味	学习植物繁殖过程和保护方法，了解海洋绿藻
五年级	野玫瑰研究小组	观察周边环境，参加环境保护者活动，保护礁石区
六年级	野玫瑰回顾森林生活	准备报告，回顾五年来每年的活动情况以及野玫瑰的生态情况

另一个变化体现在每个熙熙攘攘的周一早晨，孩子们自愿到树林周围，用自行车拉着小车捡垃圾，因为经过一个周末，树林往往会变得脏乱。孩子们自信地说他们是在清理自己的树林，见此情景，学校副校长由衷地感慨道：“这不仅仅是一片树林，更是一片希望！”

三、印度尼西亚巴厘岛绿色学校[①]

印度尼西亚巴厘岛绿色学校为学生提供一个相关的，全面的，令全球惊讶的绿色教育。学校年级涉及初中高三个年级层次（1—12 年级）。小学（1—5 年级）课程着重培养全面发展的孩子。这所校的综

① http://www.jyb.cn/world/gjsx/200912/t20091218_330939.html.

合经验课程是依照最新的教育研究成果而设计的，致力于通过多种感官活动，提高每个孩子的 IQ、EQ 和 SQ，并通过课堂内外的经验课程鼓励学生发展表现力和创造力。中学的目标不仅仅是服务于升学，而且是集中精力发展学生的全人，以满足中学学生的特殊需要：学生参与到学习与社区生活中，挑战智力和学术，培育和发展灵感。本校充分综合员工的素质、学生的需要以及校园环境特色来建立以经验为基础的、跨课程的高中课程，以迎合绿色学校的愿景。

1. 竹子校舍

学生们不但能学到科学知识，还能学习与自然相处之道。“绿色学校就像一颗种子，将在孩子们的思想中发芽。”学校创办者约翰·哈迪如是说。阿勇河是“绿色学校”8 公顷校园的“动静分界线”。整座学校采用竹子作为最主要建筑材料，空地上种植了庄稼和各种植物。在“绿色学校”里，老师和同学们使用的是生态厕所，用生物柴油发电机发电。此外，学校还使用水力发电设备和太阳能设备供电。

2. 影响心灵

除了学习课本知识，学校还给学生按不同年龄量身定做“野外活动课”与生态课，让孩子们学习如何种植庄稼、搭造水系统模型，学习废水、废物再利用以及有关动物和可再生能源等知识。学校的宗旨是把孩子们教育成有知识、愿意为地球可持续发展贡献力量的地球村“村民”。

3. 绿色教育

基于可持续发展和整体主义的想法，“绿色学校”的学生从幼儿园到八年级。哈迪把这称为“全人教育”，其中特别强调环保教育。“绿色学校”教授三类课程：一是英语、数学和科学等基本课程；二是创意课程，包括工艺美术、音乐、戏剧等；三是绿色研究，让孩子们学习从粗浅的自然研究到生态研究，到环境研究，最后到可持续性研究。

第三节　非洲绿色学校

一、南非普马兰加英坎耶提（Inkhanyeti）生态学校

该校成立于 1995 年，学校最初以招收学龄前儿童和中小学生为主。学校现有 200 名学生，分布在 1 年级至 12 年级。学校采用小班教学，师资水平很高，以保证教学质量。学校与曼奇尼中心仅咫尺之遥，环境安全优宜，校园建筑美丽而不至于华贵。

南非是除欧洲以外第一个加入国际生态学校项目的国家。学校着重在自身学校资源条件基础上开展绿色建设，他们在校园里面建立了自己的传统黏土炉，能够更高效地燃烧木材节省能源。这将给学校和环境带来巨大的好处，烹调学校午餐时有效地节省资金和节约木材。

另外学校在课程设置上也加入了新的生态学校课程计划，涵盖 5 个方面的主题，同时建立生态委员会，促进学习者、教育者和其他代表的参与。

1. 这所学校整体以及环境项目具有来自个人、社会、非营利组织、社区组织、伙伴组织等的参与和支持。

2. 这所学校的环境教育委员会比较成熟，学生群体和其他学校代表都能够积极参与。

3. 学校重视学生环境意识的培养，采取各种手段让学生了解本学

校所采取的环境项目。

4. 学校在规划的年份以及特殊的纪念日里将环境问题纳入课程与教学当中，并规划环保项目。

5. 积极听取学生家长和社区成员的意见，争取他们对学校环境教育项目的支持。

6. 学校经常对教育进行改革尝试，以响应诸如气候变化等的地方性和全球性问题和风险。

7. 学校与包括本地和国际范围的其他生态学校以及教育工作者经常交流。

二、摩洛哥的生态学校①

2006 年，穆罕默德六世环保基金会将环境教育基金会发起的生态学校项目引入摩洛哥。2009 年，摩洛哥启动生态学校项目。

在摩洛哥，生态学校项目主要对象是 6—12 岁的学生，鼓励他们在能源、废弃物、水资源、生物多样性、粮食和气候变化这六大主题上长期开展循序渐进的、动态的、定期的研究。

学生在学校里要遵循“七步法”的创建过程，要随处随地开展实践活动。

生态学校项目还给学生带来教育功能以外的影响。把环境纳入课程大纲，能够提高学生的环保意识，改变他们的行为习惯，并影响到

---

① FEE 摩洛哥会员机构，穆罕默德六世环境保护基金会（Fondation Mohammed VI pour la Protection de l'Environnement）提供。

他们身边的人。

“绿旗”荣誉是学校环境工作发展进步的表现。成功开展生态学校项目的“七步法”后，学校会获得中级证书，最终获得“绿旗”荣誉，这代表着项目的终极成就，也是学生环保工作取得成功的重要标志。

生态学校项目也得到了教育部、职业培训、高等教育和科研部门的合作支持。

阿布德拉门（Abdelmoumen）生态学校

该校位于摩洛哥拉巴特，为城区公立学校，有 251 名学生（119 名女生），7 名教师，学生年龄为 4—12 岁。其研究主题包括：水资源、能源、废弃物和生物多样性。

优秀实践活动

学生创新性地解决废物再利用问题：

◇ 用各种再生纸制作艺术品；

◇ 在再生纸上画画并展出；

◇ 创造性地将数学与益智游戏结合起来。

学生通过研究电表显示的各类能源消耗情况，节约学校的用电量。学校统筹协调人将这一成果引入数学教学，让学生计算普通耗能灯与 LED 节能灯用电量的差值。

学校开辟出一片植物教育园，让学生了解芳香植物、药用植物、果树和观赏植物。

学生布置出一张桌子，把植物分类，分别用阿拉伯语和法语详细标明植物的生长周期和养生功效。

学校教职员安装管道，将用过的水重复利用，灌溉园中植物。

第四节　美国绿色学校

美国教育行政实行的是联邦制，即州政府享有包括立法、行政等在内的教育自主权，因此，相应地，美国不同的州有不同的“绿色学校”项目。不过，从总体上看，这些“绿色学校”项目的宗旨和出发点都非常相似，可以概括为以下几个方面。

一、校园环境管理：绿色校园

改善环境，建设绿色校园是美国各种“绿色学校”项目的共同追求，这既要求学校能够采取措施改进校园建筑结构和设备，也要求教职员工和学生能够采取对环境友好的行为。在它们看来，绿色校园主要包括以下两个特征：

1. 可持续的能源使用

学校是一个微观的社会，虽然它们面临不同的环境问题，但几乎都具有相同的局限性，即缺乏足够的资金来关注和改善学校环境，日益增加的能源耗费和学校建筑维修费也使本不充裕的经费更加捉襟见肘。据美国能源部统计，美国学校大约每年耗费将近 6000 万美元的能源，每名学生大约年均用 110 美元，这已经成为每所学校的第二大日常运行支出费用。但如果通过高效使用、合理利用各种设施，则可以节省其 25% 的能源。因此，提高课堂中和校内设施的能源使用率十分重要。

美国节能联盟（Alliance to Save Energy）是一个非营利性机构，它是由美国一些知名企业、政策机构、环境保护组织、消费者团体和个人组成，其宗旨是在全世界推广有效和清洁使用能源的技术，从而使消费者、自然环境、社会经济和国家安全都能获益。该联盟发起的“绿色学校”项目旨在促进美国学校清洁高效地使用能源，以便保护资源，同时提高学校可持续发展的环境品质。

节能联盟“绿色学校”在每个学区每次只挑选 5—18 所学校参与。首先，选中的学校需要成立一个由教师、学生、保管人员、行政管理人员组成的项目团队，然后在专家的帮助下开展一次介绍性研讨会，设计本校的能源年度使用计划，同时该项目也是学校整合学习的主题。这种综合项目在学校各个方面都坚持绿色原则，包括学校计划、基础建筑以及课堂教学。通过学习能源保护和高效利用的知识，学生了解到能源是如何运转的，以及他们在保护能源的过程中应该承担怎样的角色。在学校计划的实施中，节能联盟通过召开会议、计划研讨会、分发材料等形式给学校提供帮助。实施项目并取得良好效果的学校可以申请节能联盟的“地球苹果奖”（Earth Apple Award）。

该项目将学校能源的高效使用作为创建和评价“绿色学校”的一个非常重要的方面，包括加热系统与电力系统的使用，节约水资源、清洁交通以及校舍的改造等内容。在节能联盟看来，“绿色学校”的内涵之一便是具有“能源和利用环境的意识，并对财政负责”，[①]而电热能、水等资源的使用量是可以测量的，并且它对环境的影响也是巨大的，所以对能源的节约不仅能够直接节省学校的财政支出，同时也能帮助教职员工和学生形成减少用度的行为。此外，学校只需对能源使用行为和校舍设备运行模式稍作改动，例如在适当的地方利用白天的自然光、调整恒温器、使设备运行时间达到最小，即可达到节省目标。因此，节能联盟“绿色学校”项目通过改变校舍使用者的行为以及日常设备的运行及维持，鼓励整修改进校舍、安装更新的技术，来帮助学校有效使用能源，通过这些在态度和行为方面的基本变化，“绿色学校”参与者已经实现一年节省高达25%能源的目标。芝加哥西部市郊的204学区印第安草原学校（Indian Prairie School）通过改善能源使用习惯，减少无人建筑物的能源需要，从而节省了140万美元的经费。马里兰州“绿色学校州长奖”也非常关注学校能源的高效使用，在其三个主要考核标准中，其中之一便是“学校设施的运行和结构设计应该成为对环境友好的实践榜样”。[②]

伊利诺伊州认为“绿色学校”项目要帮助学校增加设施和能源使用的效能，通过减少物品消费和节省能源来节约财力。由此可见，美国各种“绿色学校”项目在实现节省资金、节约资源的条件下，力图把学校建设成对环境友好的、能够可持续使用资源的机构，为学生树立一个具有环境责任感和可持续行为的榜样，从而为进一步教育教职员工和学生形成合理高效使用能源、采取对环境负责的价值观和行为

---

① http：//www.ase.org.

② http：//www.maeoe.org.　（马里兰州）

奠定良好的氛围和基础。

伊利诺伊州环境保护局设计了一套“绿色学校审核表”（Green Schools Checklists），主要关注学校在日常运作中减少废弃物、预防污染行为的改变，主要涉及学校管理策略、能源使用、固体废弃物的产生、室内空气质量、有害物质管理、水的消费、实验室废弃物、建筑物改造、物资购买等制度管理和物资管理领域。就每个领域而言，这份工具都提供了较为详细的策略和建议。例如在“学校管理策略”中，“绿色学校”应该从以下几个方面完善管理制度，以便做到“绿色”“节能”理念渗透学校的教学、管理等各个方面：

考虑并采纳已经存在的环境宣言或声明，以便为学校计划创设较高层面的思想基础；

任命专人协调或掌管本校的“绿色学校”项目，这个人应该是勇于革新的、具有环境责任感并且具备与各级学校、不同人群交流的良好能力；

建立一个由学生和教职员工组成的团队，确定本校改善环境的构想，并使这种改变成为全校师生共同的责任；

对当前的环境状况进行自我鉴定，并寻找可以改进的领域；

鉴别那些用量大、浪费多的水设备和能源设施，并考虑在这些方面采取优先策略；

征求教职员工和学生的建议，尽可能创设让他们参与环境计划的方式和机会（例如，开展海报竞赛等）；

确定环境计划与课程相关的内容；

如果可以的话，为全体教职员工和学生提供有关新产品及其使用过程的培训；

跟踪并报告改善环境的进展。试着去计算并量化改善环境措施的节约潜力；

让“绿色学校”项目更具长久性；

寻求得到校内和外界组织的认可，并与其他学校交流经验，为所取得的成功举行庆祝活动。

与伊利诺伊州不同，俄勒冈州绿色学校联盟所开发的工具主要关注创建“绿色学校”的流程，其中既包括环境主题计划的设计和实施，也包括取得成绩后获得认可的全过程。这份“绿色学校工具”建议按照持续改进的原则设计五个步骤来实施：

第一步，参与和教育，即动员学生和全体员工参与创建绿色学校的过程并从中对他们进行教育。如果要使“绿色学校”项目长久地开展下去，除了教师和学生之外，还应该涉及校长、物资管理人员以及厨房工作人员等。虽然他们没有必要参加每次讨论会议，但应该让他们知道“绿色学校”项目是如何运行的。为达到这一目的，可以采取四种策略：首先成立一个计划和监督团队，成员应该能够在学校工作时间内经常接触，所开展的活动也应该是各自工作的组成部分；其次，开始“绿色学校”项目前的预热活动，即通过设计一系列主题活动，让“绿色学校”项目在学校中广为人知，并且发动所有人参与到计划中来；再次，设计教育方案，其中包括跟踪报告环境改善的进展和在课程中渗透环境、能源的概念、技能和价值观，这需要有适当的教学材料和合格的教师；最后，获得认可。通过校内表彰和校外申请的方式，来确保在资源保护中努力工作的学生、教师和志愿者都能得到认可。

第二步，开展资源评估和废弃物审计工作。资源评估包括鉴定学校正在购买、消费以及丢弃何种物品，这对于设立保护资源的计划是非常重要的。建议在测量所消费资源的时候提出以下问题：“我们需要这些物品吗？我们可以用得更少吗？我们可以重复使用吗？我们可以回收利用吗？我们可以使用得更加有效吗？”审查废弃物的过程可以明确它们的种类，而且这种评估审计还可以融入科学、数学或社会研究课。这种资源评估活动不仅可以让学生参与进来，而且也可以教育整个学校团体。

第三步，撰写节能和减少废弃物产生的方案。该方案旨在鉴别有效使用资源的计划目标，详细说明能够达成这些目标的行为，其内容应该包括：一所学校的环境政策和道德宣言；表明能减少多少物品、能源和水资源的可测量目标，包括实现期限或说明所使用的基准工具；明确制定高效使用资源措施的标准；制定高效使用能源的措施；执行计划的具体行动，其中要说明任务，注明任务完成期限和专门负责人等。

第四步，跟踪并报告结果。如果没有跟踪调查所开展的活动，那么就不会知道它的效果到底如何，也不会因为所做出的成绩而获得认可。所以，很有必要采取这一措施，并且不需要冗长乏味的文字说明，同样也可以达到随时监测改善环境进展的结果。例如可以求助于学区的设备管理员，他们会定期报告水和能源的用度。一些地区办公室还提供能够精确测量水和能源的相关工具，这些都可以帮助教师和学生便捷地更新各种数据。

第五步，使“绿色学校”项目持久开展。将“绿色学校”项目渗透在学校“结构”之中，让不同的人分担收集可回收物品、监控结果等不同任务，对学校中付出努力的人群都予以奖励，在一个或多个年级的课程中渗透减少废弃物的教育，开展面向学校所有人的培训计划等，这些措施都有利于“绿色学校”项目稳定而持久地进行下去。

在学校层面的政策实施过程中，也较好地体现了各州的政策导向。获得2002年节能联盟“绿色学校地球苹果奖”和“金苹果奖”的加利福尼亚州艾森豪威尔中学，依托绿色学校的创建理念——节省能源，在全校范围内对学生开展环境教育[①]。该校首先成立绿色学校项目团队，由教师、管理人员、环境和能源专家、商业专家和学生组成，学生在其中发挥主要作用。在这所中学工作的教师一同帮助学生完成以绿色学校计划为基础的学习任务。学生通过集体讨论产生各种小计划，建立专门小组，并在一整年中实施这些建立在主体环境研究和能源保护基础上的计划。这些计划包括什么是能源、教给别人有关能源的知识、学习如何测量能源的利用和流失，以及提出能源节省建议等内容。学生根据计划开展一些活动：有的学生对学校的电及煤气的使用以表格的形式记录下来，并将结果报告给瑞奥托市委员会（Rialto City Council）或相关部门；有的学生用美国国家环境保护署（EPA）的相关标准工具来评定学校的等级；还有的计划建设两个演示能源使用效率的网站，为低年级的学生传播能源保存知识。另外，学生还创办通信杂志，扮演小老师，为4、5年级的学生讲授知识。还有的学生参加“通过管理节省能源”(Saving Through Energy Management)培训计划，并被允许参与学校的技术能源审计，这种参与可以使学生提出能源节约建议。学生们在活动中惊奇地发现，他们能如此迅速地知道学校里的能源在什么地方被浪费了。此外，艾森豪威尔中学还成立了学生咨

① http：//www.ase.org/greenschools/spirit/gs_einsenhower.htm.

询委员会（Student Advisory Council）来担当学校面向社区的大使，这些大使通过电话或会面的形式，与他人分享绿色学校项目的最新进展。通过实施绿色学校项目，不仅实现了学校能源使用的高效化，而且使学生环境素养大大提高，增强了他们的行动能力。

从上述策略和具体实践中可以看出，美国“绿色学校”项目在实践中往往以节能目标为出发点，围绕设计好的环境主题方案，注意将学校管理、教育教学等各方面统一起来，开展一系列变革，其中尤其突出学生的主体性，激发他们参与社区问题的积极性。教师在教学过程中也注意将国家及州的课程标准与“绿色学校”项目结合起来。例如，新科学课的目标和内容标准要求学生能运用基本科学技能去观察、测量、使用数据、分类、质疑、推理、假设和沟通。在科学标准“个人和社会观点”中，学生需要能够“描述个人或集体的日常选择如何影响循环、生态系统和自然资源供应”。这些课程标准都可以在学生参与废弃物审计工作中得以实现，他们在这一过程中学会了如何使用测量工具，如何记录和分析数据等技能。同时，审计的结果将直接影响学校的决策模式和运行模式，影响学校教职员工和学生的行为模式，这种能够实现多种效果、影响范围较广的环境主题方案是“绿色学校”项目的中心和实施载体。

2. 健康安全的校园环境

学校作为实施教育的公共场所，它的健康安全以及校园环境状况直接影响着受教育者的身心发展程度。因此，改善这一群体的生活环境质量，成为美国“绿色学校”项目关注的重点。

建设健康和安全的校园主要从固体废弃物的处理、改善室内空气质量、有害物质管理、食物提供以及校园生态环境等方面着手。伊利诺伊州“绿色学校”的宗旨是“确保孩子的安全和健康”，它们在帮助学校改善物理环境状况、减少对环境危害的同时，也为课堂教学提供一些标准工具，向学生介绍减少废弃物和预防污染的相关概念。为此，伊州环保局发起了一系列辅助计划，来改善学校为使用设备的所有人提供安全健康环境的能力，例如，清洁校车计划，学校设备维护人员保持校园安全健康研讨会，教师安全化学教育研讨会等活动，他们还为伊州内所有学校提供关于有毒物质、室内空气质量等方面的专业技术支持。

节能联盟的“绿色学校”项目对校园生态环境建设也提出了要求。校园内除了要有为学生活动、学习准备的安全且充分的空间和设施，例如生态角、气象箱等，还要对校园生态进行适当的改善和恢复，使其成为所处社区完整生态系统的一部分，并尽量把校园建设成充满生机的社会生活场所。

俄勒冈州绿色学校协会（Oregon Green Schools Association，OGSA）主要帮助本州学校开展减少校园废弃物、改善学校及社区环境的活动。1995 年，凯利 · 库利克小学（Kelly Creek Elementary School）成为俄勒冈州第一所绿色学校，并且将这一荣誉保持了七年，该校在减少废弃物、回收利用物资方面做出了突出成绩。学校物资管理主任克里丝塔（Christa Garman）在学校四至五年级的学生中挑选成员，组成土豚回收小组（Aardvark Recycling Teams），连续九年开展减少学校废弃物的活动，对学生而言，成为回收小组的成员是十分荣耀的。该校一个很有特色的项目是“避免午餐浪费项目”（Waste Free Lunch program）。学校为学生提供可以循环使用的午餐袋和三明治盒子，作为交换条件，家长必须签署书面协议，保证为学生准备一定数量的午餐，尽可能避免浪费。这个项目开始后，学生从家中带来的午餐的垃圾量比以前减少了 30%。另一个非常有创意的活动是循环使用教室联欢会的工具用品，据估计这可以避免每次联欢会后产生 32 加仑垃圾。由于该校精心开展的一系列“减少、再用、回收”活动，尽管是拥有 500 多名学生和教职员工的较大群体，但每周却只产生 3 立方米的垃圾。所以，凯利·库利克小学同时也获得了 AOR/ 环境质量部颁发的小学减少废弃物意识奖（Waste Reduction Awareness Program，WRAP），以及格瑞斯汉姆与麦托城市奖（City of Gresham and Metro），所获奖金是支持并进一步壮大该校废弃物减少计划的强有力的保证。①

二、跨学科课程整合：综合活动

“绿色学校”不应仅仅是模范环保单位，而且也应该是激发学生环境意识和责任感的重要场所。管理、建设校园环境的过程，同时也是让师生积极参与和改善环境的教育过程。伊利诺伊州“绿色学校”项目致力于帮助学校教育下一代关心地球、关心环境的价值观。俄勒冈州“绿色学校”项目认为，“俄勒冈州的学校应该为 21 世纪公民英明使用能源做好准备，学生、家长和教师应对环境做出承诺，这是身为公民的荣耀。因此，学校应该成为学生参与周围世界的实验室，21 世纪课堂上的学生应该在‘做中学’”。对于教师而言，这是个极

---

① http://www.oregongreenschools.org.

好的开展教学的机会。“绿色学校”应该让学生参与到学校中的资源评估、鉴定高效使用资源的机会、制订计划、跟踪调查并撰写报告这一全过程中。通过这些动手操作的、做中学的活动，教师可以把各种概念整合到数学、科学、社会研究、健康、艺术和环境研究的教学之中。对于学生而言，这同样也是学会决策和明辨是非的机遇。当他们评估和分析数据的时候，就会理解数据的意义，并找到解决问题的方法。因此，俄勒冈州“绿色学校”项目要求，教师在设计一个与能源高效使用密切联系的教育计划的时候，建议包含下列教学活动因素：

◇ 培训学生成为“同辈导师”（Peer Tutor），教会他人如何参与高效使用能源的活动；

◇ 定期撰写有关高效使用能源的措施和成就的文章和清晨广播稿；

◇ 让学生面向全体教职员工、地方委员会和学校委员会介绍减少废弃物的重要性以及如何参与到“绿色学校”项目中来；

◇ 定期安排有关回收利用的教室展示会、木偶表演和电影等活动。

节能联盟的“绿色学校”项目及各州的相关计划都要求学校就不同的环境主题开展教学，通过这些真实的环境问题，学生学会研究并找到可能的解决方法，这可以帮助他们成为主动负责、具备环境知识的公民。开展环境主题学习主要通过将环境概念、问题和计划整合到各学科教学的过程中，进行跨学科的活动教学。基于节能联盟“绿色学校”项目，新罕布什尔州安提阿新英格兰学院环境教育中心（Center of EE of Antioch New Engand Institute）设计了一个绿色学校实施指南，建议绿色学校中课程整合的方式采用 EIC 模式，即以环境作为学习的整合背景（Using the Environment as an Integrating Context for Learning，EIC）模式。该模式认为，应该以跨学科的方式进行环境主题的教学，吸收自然科学、社会科学以及艺术领域的内容与方法，能够帮助学生更好地理解并解决复杂问题；这种教学应该是建立在真实问题基础上的社区服务性学习，利用当地的自然和社区环境作为教学的场所和内容，让学生主动建构知识，在实践活动中形成对环境有利的价值观和行为。

在实施过程中，还对绿色学校创建领域以及要求做出详细论述，包括课程整合、校园场所的加强、社区本位的教育、学校的可持续发展以及行政支持五大部分。

主要标准如下：

◇ 课程整合：把环境当作一个综合的领域，将环境主题、概念或计划渗透到大多数课程中，使学生通过人类对环境影响的真实例子，依靠个人直接的、感性的体验，进行批判性研究，并在此过程中反思自身态度、行为及价值观，最后师生应对课程进行评价和总结。

◇ 校园场所的加强：户外教室或设施应是经常使用的学习场所，校园面积的大小要符合学生的年龄阶段特点，而且要为高年级的学生走到社区或更远的地方做准备；改善及修复已损坏的校园和邻近社区的生态环境，保持生态的完整性；为学生提供安全、舒适的游戏与休息的户外环境。

◇ 社区本位的教育：让学生在教学及各种活动中与他人建立校园内伙伴关系，培养他们为提高工作效率而与他人合作的能力；这些活动大多直接有利于学校之外的社区，社区成员应积极与学生一起共同发展计划方案，以便将更多的经验及资源带入学校，强化学校与社区的关系；非营利性环境学习中心、政府机构、其他学校及市民也应积极且经常就学校计划给予支持。

◇ 学校的可持续发展：该部分主要涉及学校能源、水、固体废弃物、食物的提供、毒气、室内空气质量、交通、建筑物设计、可持续发展的展示与解说等内容，其中每项指标都围绕可持续发展进行设计。学校遵循可持续发展的理念，为学生提供适当的物质条件；学生在享用这些资源的同时，积极探索使之能够可持续发展的方式，并最终将这种经验和行为应用到社区的日常生活中。

◇ 行动支持：环境主题、概念和计划是学校行政人员考虑课程规划及建筑物管理的主线；对学校人员进行专业培训；绿色学校中的主要计划需包括系统的环境教育活动，并且该计划应该是长期进行的。

总之，绿色学校指南对学校的自然环境和人文环境均作了详细的规定，它的核心理念是将环境视为综合学习的背景，鼓励学生在参与学校的各项实际工作过程中，联系周围社区生活，来增加他们的学习动机和学业成就，最终成为具有较高环境素养的新一代公民。分析这份“绿色学校”指南，可以发现绿色学校指南及其创建过程具有以下鲜明的特点：

第一，阶段性。

创建绿色学校并非一蹴而就，它是一个循序渐进的过程。该指南充分考虑到这些因素，规定每个指标的实现都可以依次经过 4 个阶段。例如，在“学校的可持续发展”中“水”的这一指标上，指南认为，“清洁的水是一种日显珍贵的资源。节约用水是最简单且有效的影响环境的做法”。因此，绿色学校应该分阶段逐步做到：

第一阶段：学校提供清洁及丰富的水，但却没有进一步调查和审计。

第二阶段：在学校里，学生会对水的使用进行测量及报告；在课堂上或全校范围内，开始向节约用水的目标努力。

第三阶段：学生经常与学校主要工作人员开展研究，并建议执行全校性节水计划和促进行为改变。

第四阶段：学生将节约用水的行为带至家庭、社区。

通过这四个阶段的过渡，学校不仅能够根据实际情况逐步实现节水目标，而且也能使学生获得与水资源有关的概念、技能和节水的价值观及行为，同时将这种行为扩展到社区之中，全面体现了“绿色学校”的基本理念。

第二，整体性。

绿色学校作为一种新型的办学模式，它的办学理念应该全面地渗透到学校日常运作之中。该指南对学校的行政及资源管理、环境建设、教学内容、教学方法、课外活动、校园文化等各个方面都建立了指标体系，以此来整体、全面地推进创建工作，引导绿色学校朝着健康正确的方向发展。例如，在“学校的可持续发展”指标中，分别对校用资源、水、固体废弃物、食物的选择等许多方面提出要求，涉及学校运作的整个物质系统，充分体现了绿色学校将后勤管理与教育教学结合起来、整体地保护和利用环境的办学理念。

第三，具体性。

作为一个创建指引，美国绿色学校指南具有很强的可操作性。在阶段性的基础上，它对许多不易控制的教育因素也做了较具体的说明，对学校的创建工作有巨大的实际意义。仅以第一部分“课程整合”为例，该项包括学科整合的方式、环境问题、野外学习、文化研究、庆祝与反思五个标准。每个标准都有更详细的说明。“环境问题”中，在不同的发展阶段对课程内容有不同的要求。如在第一阶段，要求“环境问题简单表现为单一的形式；课程倾向于说明问题，而并非从创新的角度来学习解决问题的技能”；在第三阶段，具体的要求变成“在环境问题的案例中，许多学生可以批判地表述不同甚至相反的立场，并且可以解释这一问题对他们个人的影响”。

其他各州“绿色学校”项目涉及的实践领域与此大致相似。马里兰州“绿色学校州长奖”从“课程和教学”“校舍和操场的运行和结构设计”“学校和社区的合作伙伴”三个标准来评审学校获奖的资格，其中“课程与教学”包括“环境问题研究、教师专业发展、庆祝”三个维度，“校舍和操场的运行和结构设计”包括“水资源保护、水污染、能源保护、固体废弃物、化学物质安全使用、自然栖息地的恢复、建筑物结构、负责的交通、健康的环境”等，从这些标准也可以看出，“绿色学校”不仅仅应该是环境良好、能源节能的场所，也应该是培养能将对环境负责的行为和价值观传播到社区中的未来公民的机构。

基于上述理念，美国的各种“绿色学校”在开展教育工作时，大都采用跨学科渗透的综合实践活动，这种活动往往是在户外进行的，学生是学习活动的中心，通过分析并解决环境问题，最终使学生养成环境意识、责任感和对环境友好的行为。

三、学校与社区的联合：拓展计划（或影响）

节能联盟认为“绿色学校”需要“与真实世界产生良好的联系”，因此它鼓励学生把高效使用能源的信息带回家庭和社区。将学校的环境经验和计划拓展至社区，不仅能够带动家长、社区成员积极参加学生的学习计划和学校建设之中，而且也能带来更多的校外经验和资源进入学校，强化学校与社区的联系，并产生长期的支持关系。这种与校外机构的联系，大大增加了学生将所学知识运用到当地实践中的机会，同时也有利于激发他们的社会责任感和主人翁意识，为将良好的环境行为延续至校外、带动家庭社区乃至整个社会更广泛地参加环境保护的行动中提供了有利的契机。

各种“绿色学校”项目都采取一定措施保证这一构想的实现。得克萨斯州家长教师联合会“杰出绿色学校奖”用来鼓励学校与当地更多的团体联合起来参与环境事务，所以申请学校必须或者建议开展一系列相关活动，例如参加美国国家“环保署”和家长教师联合会合作举办的环保海报竞赛活动等。俄勒冈州也把“学校对社区提供的减少废弃物的教育和帮助”列为考核申请“绿色学校奖”的条款之一，建议学校在社区中开展相关活动，例如在当地商店的海报和食品袋上贴宣传标语，在社区集会上举行一系列表演活动，制作挂在门上的学生艺术品等。节能联盟还为学校提供社区中潜在的合作伙伴，建议“绿色学校”与地方的能源使用办公室、设施建筑或土地分局、建筑工程师和物资管理人员、环境教育和科学部的人员，学区的课程发展者，学校管理者、邻近的学区、社区成员、地方商业机构等建立合作关系，以便获取最广泛的支持。

第五节　澳大利亚绿色学校

澳大利亚新南威尔士州的可持续发展学校项目(Sustainable School)是澳大利亚环境与自然遗产部推动的绿色学校项目，也是在澳大利亚开展的最出色的学校环境教育政策实践的重要拓展，学校自愿参与的项目。新南威尔士州目前已有超过200所学校报名参加。其他州和地区也已将该模式纳入各自的课程大纲体系。项目鼓励学生不仅要学习环境知识，而且还要采取实际行动，与教师和当地社区一起，共同为更加可持续发展的未来制定规划。项目支持合作伙伴关系、授权认证以及未来教育等多种形式。它将学校课程与管理策略相结合。在教学方法方面，项目与信息关联性、整合思维以及问题解决方法都密切相关。

一、提出具体明确的创建要求

1. 建立中心数据库，所有学校都可提供废物管理、水资源和能源消耗以及当地生物多样性方面的数据。此外，学校还可通过数据库展示节能减排方面取得的成就。

2. 学校应成为可持续发展实践方面的榜样，能够在当地产生影响，起到教育和示范作用，鼓励其他学校也开展可持续发展实践活动。

3. 学校应成立环境委员会，避免项目完全由一人负责。还需配有专门的环境审计员，为学校规划收集数据。

4. 项目应与学校课程大纲实施相结合，而不应成为学校总体活动以外的额外工作。它应是学校规划的组成部分，被纳入学校课程大纲框架内。

5. 学校应支持体验式学习。

6. 学生应在自然和体验式学习方面拥有一定的决策权。

可持续发展学校鼓励学生：

① 学习环境知识

② 培养调查研究以及解决环境问题的能力

③ 培养保护和关爱环境的态度

④ 改进自身环保行为和表现

⑤ 了解生态可持续发展的原则

该项目还支持澳大利亚环境教育的总体目标，即加强学生对环境作为综合系统这样一种概念的了解，培养促进生态可持续发展的态度和能力。

项目价值观包括尊重地球生命、欣赏文化遗产、承诺用实际行动保护环境，用长期方案解决环境问题。

上述深层要求表明，可持续发展学校项目特别强调最后一条价值观，眼光要长远，学校规划要放眼未来，有持续性。项目还强调当地社区的参与以及对文化遗产的欣赏。必须把项目看成是一个综合体系。上述价值观其实都是挑战，但大多数社区并未意识到。

项目包括三个主要步骤：意识和自我评估阶段、构想和规划阶段以及实践和自我评价阶段。项目支持学校不断改善自己的工作，并在三方面努力取得成就——当地环境管理、资源管理和课程大纲。项目支持学校为成为“可持续发展学校”而努力。

项目成立了由 11 人组成的指导委员会，提出管理策略和评价重点方面的建议。根据潜在贡献度、作用和目的，选出了一些政府和非政府性质的潜在支持者。

项目反映了学校环境教育政策，为帮助学校开展项目，提供资料、数据库、CD、培训包和网站支持（www.curriculumsupport.nsw.edu.au/enviroed/index.cfm）。

新南威尔士州共有 26 名兼职教师，在 12 个地区的 198 所试点学校工作。这些教师帮助学校成立环境委员会，与当地社区开展合作，获得企业的支持。他们还在资源的整合利用和活动的参与方面为学校提供指导。此外，还开展地区性的培训和项目活动。在国家层面，澳大利亚环境与自然遗产部（DEH）为各州各地区提供资金支持，并制定全国标准和原则。

二、案例：阿尔盖特小学的可持续学校共建项目

阿尔盖特小学位于澳大利亚东南阿德莱德山上，占地面积 3 公顷，共有 6 个班级。该校的环保工作可追溯到 20 世纪 80 年代。学校的教育项目和实践活动多次获得州级和国家级的环境大奖。学校的环境教育项目过去其实并不突出，而这一切的改变主要归功于教师团队和领导层的变化。

1. 可持续教育的领导层

2001 年的校长遴选提出将环境教育列为重中之重，这样作为工作重点才能持续并有所发展。新校长上任后首要任务之一就是确定什么对当地社区是至关重要的。通过与家长、教师和学生密切沟通，最终将学校的价值观定为“关怀友爱、共同学习，注重环境学习、倾听学生心声”。严格意义上讲，这几句话并不能体现全部价值观，但还是抓住了当地的工作重点，并坚定地指明了未来的方向和重心。学校重视环境教育的价值观和未来发展，也强有力地促进了环境学习在学校和班级中的开展。

2. 设计学习活动

学校的新校训是“为可持续发展的未来共同学习”，他们的学习方法也反映了价值观。他们用图形组织器这一学习工具来培养学生的高阶思维能力和前瞻性。批判性读写能力有助于打破偏见，从多角度看待环境问题。学生分为大大小小的组，参加班级或跨班级的环保活动。所有学习活动均在南澳大利亚课程标准及要求（SACSA）框架内开展。教师在项目关键领域加强专业发展，如水资源与生物资源学习、水质观察培训等。

3. 指导原则

学校认为以下原则有助于可持续学校概念的有效实践：

（1）可持续学校应开展多种学习方式

为此，学校安排了以下活动。

◇ 全校性的集体活动，如一周一次的无包装垃圾食品日、道路清理活动、水质监测活动、世界环境日活动和集会等。

◇ 学期重点课题，是指每学期都有一个重点关注的课题。

◇ 以科学、社会、环境和英文为基础的综合活动。

◇ 环境选修课①。课程安排：每学期连续五周整个下午。

◇ 学生参加环境教育研讨会，如生态足迹等。

◇ 专家进校园，如讲授能源知识、参观澳棕短鼻袋狸等。

（2）可持续学校应安排多名领导人员负责各方面工作

为此，学校开展了以下工作：

◇ 项目各环节都配有教师。

◇ 设立环境可持续发展委员会或理事会，对全校环境工作进行监管，如采购、废物处理等。

◇ 鼓励家长为项目和学习活动（如社区回收中心、水质监测和环境选修课等）提供支持和帮助。

◇ 组织开展学生活动，如清理池塘、组织领导某些选修活动等。

◇ 开展七年级学生社区服务，如监测能源消耗、回收、堆肥等。

◇ 设立学生代表委员会，如为海豚保护组织、世界宣明会、荒野保护协会筹款。

◇ 安排有实践经验的环保工作者与学生共同开展活动，如培育、

---

① 环境选修课反映了学校的环境学习价值观——环境保护与学习相结合。学生可从一系列选修课中进行选择，与七年级学生共同上课。教师和志愿者（包括有实践经验的环保工作者、家长和大学生）负责教学，教学内容包括制造人工鸟箱、植物繁育和种植、造纸、了解可再生能源、参观蚯蚓农场、开展海岸研究、墨累河探险以及参加当地除草活动等。

种植当地作物，回收和堆肥等。

◇ 寻求社区支持，如请澳大利亚环境与遗产部的官员为项目和发展方向提出建议。

（3）可持续学校应建立多方面的社会关系

为此，学校开展了以下工作：

◇ 形成一份 25 页纸的全州环境机构联系人名单

◇ 参加袋狸谷植被恢复项目

◇ 联系安德列沃斯部落（当地的古老部落），请他们讲述过去当地的环境状况

◇ 开展除草达人项目

◇ 使用社区回收中心

◇ 开展居住环境改造

◇ 与其他学校建立联系

◇ 与当地委员会建立联系

（4）可持续学校应设有责任监督政策和体制

为此，学校开展了以下工作：

◇ 记录每周的能源消耗量

◇ 统计每周食用不产生包装垃圾的食品的学生人数

◇ 统计每学期的纸张消耗量

◇ 每学期选择一种垃圾进行称重并填埋

◇ 统计所繁育的植物数量

◇ 从南澳水务局获取相关记录

◇ 从废纸回收机构获取相关数据

◇ 记录集水区水质数据

◇ 从教育与儿童服务部获取资源文件记录

◇ 获得澳大利亚南部“环境解决”组织（KESAB，一个环境组织）的奖励及认可

（5）可持续学校应对工作不断改进完善

为此，学校开展了以下工作：

◇ 对椭圆形供水系统进行节水改造

◇ 扩展植物繁育园区面积，适合更多学生参加活动

◇ 依照当地原始的产地环境，将校园种植区进行改造，并采取节水措施

◇ 规划进一步节能行动，如将天花板表面换成白色

4. 总结：成功程度

共建可持续学校最令人兴奋的是重新激发了学生、教师和家长对环保的兴趣和热情。大家都乐在其中。

学校在环境教育中发挥主导作用，成功进行了以下方面的考虑或实践：

◇ 学校和家庭的生态足迹——为降低生态足迹做贡献：培养可持续发展的观念，探讨价值观以及过去、现在和未来的综合发展观。

◇ 当你年老的时候，如何拥有健康可持续的生活环境；学习如何自给自足，如何采取积极行动。

◇ 要有地方、区域和全球化的视野，在行动方面要从身边、从当地做起；向老辈人（安德列沃斯部落）了解过去的环境状况，或了解他们对未来的看法。

◇ 要涉及社区、政府、企业、商业、教育等各领域；要有前瞻性，

如制定长期规划，影响政府决策等。

◇ 了解当地生态、生态定位以及生物与地球资源的关系。了解人类生活对水资源质量、土壤、生物多样性和空气质量的影响。

◇ 关注相互依存和相互联系的关系，因果关系，系统和循环，人类在大环境中的位置——自然系统、资源利用和影响。

◇ 常用术语和理念的发展。

第六节　中国绿色学校

一、中国绿色学校

2000 年 3 月，原国家环保总局和教育部联合下发《关于联合表彰绿色学校的通知》（环发 [2000]73 号），组成由两部门主管领导参加的全国绿色学校表彰领导小组，决定每两年对绿色学校进行一次全国范围的表彰，同时决定将全国绿色学校表彰领导小组办公室设立在原国家环保总局宣教中心（以下简称宣教中心），由宣教中心负责日常管理工作。

从 2001 年开始，宣教中心逐步建立起覆盖全国的省、市级绿色学校项目主管网络，每年定期召开全国绿色学校主管人员工作会议。省、市级项目主管人员网络也随着工作的推进逐步完善。

1. 学校参与积极性高，绿色学校总数达到 42000 余所

在原国家环保总局、教育部的指导与支持下，各地学校创建积极性高涨，创建活动的规模不断扩大。截至 2008 年，全国各级绿色学校总数已从 2000, 的 3200 余所快速增长到 42000 余所，遍及 31 个省、自治区和直辖市，超过 90% 的城市命名了绿色学校。省级绿色学校达到 9000 余所，其中 705 所中小学和幼儿园获得原国家环保总局和教

育部的联合表彰。

图 4-1　国家表彰绿色学校分布

2. 绿色学校创建活动受到地方的普遍欢迎

地方环保及教育主管部门和学校对绿色学校创建工作非常欢迎，给予高度重视和大力支持，纷纷依照国家绿色学校表彰领导小组的模式，成立了由各级环保和教育主管部门共同组成的表彰领导小组，各级环保宣教部门牵头进行日常管理。河北等地还将绿色学校工作作为各地环保工作年度考核指标之一。陕西的绿色学校创建被纳入省政府绿色文明示范工程创建表彰系列。在广东、福建、安徽等省，绿色学校成为评选省级文明学校、示范学校的前提条件。

3. 绿色学校的创建与管理规范化建设成果显著

2001 年，原环境保护部宣传教育中心组织编写了《绿色学校指南》，2004 年和 2006 年又进一步规范了表彰程序，确定了具体流程，《申报表彰材料规范要求》和《评审抽查程序和要求》陆续出台，为表彰工作确立了基本框架。同时宣教中心还加强对评审专家和复查工作的管理，保证创建质量，这些文件和管理要求为绿色学校创建活动提供了具体指导和帮助，使每两年一批的表彰工作更加规范化、标准化，评审更加公开、公正和公平。

4. 教师环境素养和学校环境教育能力明显提高

2001—2008 年，全国各地共有 4050 多名绿色学校的负责人和教师直接接受了原国家环保总局宣教中心组织的绿色学校和环境教育培训。另外，据不完全统计，各地省、市级环保和教育主管部门共培训绿色学校校长和教师 60000 多人次，通过培训，中小学教师对环境保护工作有了更多的正面认识，开展环境教育能力有了显著提高。各地通过开设地方性和校本环境与可持续发展课程，丰富了素质教育的内容和形式，推动学校与家庭和社区共同开展互动，使环境与可持续发展教育走出学校，走向家庭、社区和社会。

5. 国际生态学校项目的引入

生态环境部宣教中心（CEEC）代表中国加入国际环境教育基金会（FEE）成为其成员，并于 2009 年，将国际生态学校项目引入中国，鼓励青少年采取积极的行动，并按照“七步法”的要求，使自己的学校按照对环境友好的方式运行，最大限度地减少学校所产生的有害的环境影响，从而使生态学校成为我国建设生态文明教育领域的典范。各地学校开始积极开展生态学校创建活动，绿旗是给予创建国际生态学校优秀学校的最高荣誉。截至 2016 年，全国已有 3000 余所学校参与了相关培训与交流活动，共 8 批 450 所学校获得了国际生态学校绿旗荣誉。

6. 案例

（1）广州市第八十九中学

广州市第八十九中学于 2003 年被评为国家表彰绿色学校，学校一直以来重视对学生进行环境教育，并开展了丰富的环境教育活动。2015—2016 年，该校开展了“生态菜园”项目，孩子们主动积极参与了一系列的“生态菜园”实践活动，学会利用学校厨余垃圾、蚯蚓的粪便等绿色环保肥料种植蔬菜，懂得利用自种的辣椒制成辣椒水作为天然杀虫剂，既减轻了大量使用农药后造成的土壤污染，又起到了一定的防治害虫效果，经济又环保。孩子们还利用废旧的 DVD 碟片和将鲜艳的袋子绑在菜地上，遏制鸟类啄食蔬菜瓜果和昆虫产卵。同时能及时把主动参与环保的态度和行动辐射到家庭和社会中去，让更多人了解到生态环境的改善对人类生存的意义，认识到保护生态环境的必要性和重要性，达到参与者众，影响面大的效果。

经过两年来在各年级大力开展中学生“生态菜园”环保科技项目，学校越来越多学生参与到这项活动中来，校内正形成一股人人争当“小农夫”的热潮。

学校利用升旗仪式举办创建国际生态学校启动仪式暨生态学校委员会成立大会，成立了以教师代表、学生代表、家长代表以及社区代表组成的生态学校委员会。经过国际生态委员们对全校问卷的数据统计及数据分析得出：同学们大多数对校园总环境的评价是比较满意，但是依然存在着缺陷，比如：42% 的同学认为学校五楼的空中花园的环境有待改进，并且，61% 的同学认为学校应多种蔬菜水果类植物，然而，只有 14% 的同学参加过学校的种植、维护等活动，有 46% 的同学愿意参加学校的种植活动。大部分同学对学校里的植物生长过程并不了解。经过学校生态委员们的统计分析，根据调查结果，结合本校实际情况，决定在 2015—2016 学年以“生态菜园”为主题开展活动。即同学们在 1 号楼五楼的天台花园种植各种蔬果，不使用化肥，而使用餐厨垃圾分解后的有机肥料。

学校生态学校委员会以“生态菜园”为主题，利用每周三下午第八节课成立以“生态菜园”为主题的综合实践活动小组，制订行动计划。其间，组织同学们参观仲恺工程学院蔬菜教学栽培区；开展了校内“环保栽培”竞赛活动；生态学校委员在五楼天台花园开展蔬菜生态种植实践活动，学生选择自己喜欢并且适合种植的蔬菜，查找资料学习环保种植方法，设计记录表，记录蔬菜生长的过程，并探究如何就地取材，采用绿色环保肥料种植蔬菜。发现问题，及时解决问题。

学校还开展了“生态菜园”手抄报比赛及优秀作品展示活动；邀请家长参观生态菜园；制作宣传单并向保利社区居民派发。让更多人了解生态蔬菜种植，守护健康的生态教育；同学们走出校门，积极宣传，学校生态学校委员们还到附近中学的菜园参观交流；开展以生态教育为主题的赴新加坡趣味科普环保参观考察活动。

在生态蔬菜的种植过程中遇到的问题，同学们会想办法解决。比如，种植出来的萝卜普遍较小，种植的效果较差，发芽率等较低，生态种植过程中如何解决土地肥力不够的问题。为了改善土壤肥力，生态委员尝试利用厨余肥料为土壤提供肥力，尝试用蚯蚓疏松土壤，提高土壤肥力，改善土质。在种植过程中没有使用农药进行除虫，且菜园的生态系统物种种类较少，因此虫害还是相对比较严重。生态委员一开始剪除了有虫的叶片，发现没有根治害虫问题。学生开始自主动手制作辣椒水，并对菜园的植物进行使用，效果较好，杜绝因为使用大量农药使得土壤板结现象，又起到杀虫效果，经济又环保。此外，在种植的过程中，如果出现台风等，要及时清除积水，及时把植株扶正，对部分作物损坏严重时应重新翻土播种。校园环境优美，有较多鸟类，有些鸟儿偷吃蔬菜瓜果。生态委员将废旧的DVD碟片和鲜艳的袋子绑在菜地上，对控制鸟类啄食蔬菜瓜果以及昆虫在菜叶上产卵起到了一定的抑制作用。同学们种植的作物包括白萝卜、玉米、番茄、辣椒、丝瓜、通心菜、紫苏、菜心、生菜等，大部分作物经过生态委员经验总结和查阅资料种植基本都算成功。菜园选择种植叶菜类或根茎类作物会有较明显的收成。每当学有所获，生态委员便利用综合实践课和科技节向全校师生推广生态种植理念，普及环保知识，用他们的行动传播绿色，用他们的行动保护地球。

在学科教学中，学校强调教学过程中渗透生态菜园环保种植、生命教育等知识，比如：

生物科七年级上册第一单元第一章第二节调查周边环境中的生物：了解生态菜园的蔬菜种类和生活环境；第二单元第二章第一节生物与环境的关系：蚯蚓可以疏松土壤，粪便可以提供土壤肥力，利于蔬菜生长，生态环保；第二单元第二章第二节生物与环境组成生态系统：枯枝落叶堆肥可以为生态蔬菜提供环保肥料；第三单元第二章第二节植株的生长：合理施肥，多用厨余肥料可以减少土壤污染和水污染；七年级下册第四单元第二章第三节合理营养与食品安全：生态菜园不使用难于降解的化学肥料，安全环保；第二节探究环境污染对生物的影响：厨余肥料等环保肥料可以减少菜园土壤污染和水污染；第三节拟订保护生态环境的计划：厨余垃圾可以加工为生态菜园的肥料；八年级上册第五单元第一章第二节环节动物：蚯蚓排出的粪便可以提高生态菜园土壤的肥力；第四章第四节细菌和真菌在自然界中的作用：枯枝落叶堆肥可以为生态蔬菜提供环保肥料。

思品科九年级上册第二单元第四课第二框：分析土壤污染对农作物产品安全的影响，树立保护土壤资源的意识和策略；第二单元第四课第三框：循环利用资源，如：餐余垃圾可用作肥料种植蔬菜；专题一第一框：珍爱生命，通过讨论，懂得如何爱护身边的动物植物和微生物。

语文科七年级下册第二单元第五课《秋天的怀念》：体会文中所蕴含的热爱生活的精神，通过学习，懂得热爱生活，热爱大自然；八年级下册第四单元《罗布泊，消逝的仙湖》：揭示罗布泊消亡的原因，警醒世人，指导我们以后对待生态环境的行为，树立正确的生态观；九年级下册第三单元《那树》：了解树的悲惨命运并分析原因，呼吁人们保护树木，创建生态平衡和和谐发展。

化学科九年级上册第四单元自然界的水：爱护水资源，如何爱护节约水资源，还有蔬菜灌溉方式；第十单元酸和碱：介绍酸性土壤对蔬菜种植的影响，如何利用中和反应改善酸性土壤；第十一单元盐：介绍肥料对蔬菜种植的影响。

成立以生态菜园为主题的综合实践活动小组，利用每周三下午第八节的时间和学生课余时间开展生态蔬菜种植活动，让科技教育与综合实践活动有机结合，并记录整理相关的数据，进一步提高学生创新能力和实践能力，更好地深化生态蔬菜种植活动的实施效果。

（2）南宁市秀田小学

南宁市秀田小学于2005年被评为国家表彰绿色学校，多年来，秀田小学确立了“培养生态型人才，养成保护生态环境的行为习惯，贯彻绿色生态价值观念，启迪绿色生态创新思维，实现绿色化、生态化发展”的基本思路和办学理念，校长张萦多次在学校不同的会议上强调，要努力以“教育一个孩子，带动一个家庭，影响整个社会”的国际生态学校为创建目标，按照国际生态学校“七步法”（建立生态学校委员会、开展环境评审、制订行动计划、监测和评估、与课堂建立联系、开展社会宣传与参与、制定生态规章）促进素质教育，强化内部管理，塑造校园良好的对外形象，带动各项工作更上一层楼。

学校组建了由校长张萦为会组长，由书记韦艳蓉及两名副校长为副组长，由120名学生代表、107名教师、60多名家长代表为委员的南宁市小学国际生态学校委员会，把各项工作和措施落到实处，更好地推动国际生态学校的创建工作。建立并落实国际生态校园建设目标责任制。将目标及措施具体分解落实到每个工作人员，做到时时、事事、人人从点滴加强环保行为习惯养成的风气。建立各项奖惩机制，加强监督检查。把节能减排纳入各班环保行为规范考核，把国际生态校园创建作为评定先进集体的一项重要依据，作为评选优秀班主任的一项硬指标，学期末设立环保小标兵和生态创建模范班等。

老师、学生、家长组成环境评审调查组，评审包括垃圾、废弃物减量化和校园绿化美化、生物多样化、能源、水、交通、健康与安全、危险化学品。学校生态委员会管理人员与总务后勤人员以及学生委员代表对学校校园硬件环境进行评审，生态委员会家长代表和教师代表对校园管理的软环境进行评审，委员会学生代表以生态环保课题为主进行调研，在深入评审调研的基础上，制定出切实可行的行动计划方案。例如：以诗歌、歇后语的形式制定校园生态章程，印发给全体师生。通过美化校园，调动了全校所有学生的积极性，每个人都能形成良好的卫生习惯，并为建设美好校园环境尽一份力。为使垃圾得到合理的回收利用，学校建立了垃圾回收站，不断清除白色垃圾，创建文明校园，让文明长驻心中，坚决杜绝不文明现象，回收的垃圾，卖掉之后的钱款，用于捐赠给明天小学的孤儿。

学校通过教育促养成。学校利用校园广播、校园网、宣传橱窗、班级板报等开展宣传活动，以增强学生节水、节电和资源综合利用的意识。各班班主任充分利用班务会等时间对学生进行教育、引导，在学生中培养了三种意识，即帮助学生牢固树立环境忧患意识。从过去那种“地大物博”的片面宣传教育转向生态环境的忧患意识教育，增强建设资源节约型、环境友好型校园的时代紧迫感。帮助学生树立正确的绿色消费意识。在全校广泛开展“节约型学生”评选活动，使“节约光荣、浪费可耻”成为学生的价值取向。帮助学生树立主人翁意识。各班还大力宣传自觉开展环保实践活动的先进典型，用典型的引路作用引导大家牢固树立“地球我的家，保护靠大家”的理念。通过科学管理促养成。坚持执行资料打印、复印签批制度，由总务处严格把好审批关，每月统计通报一次。节约使用稿纸、复印纸，提倡一纸多用。所有文件和材料均采用双面打印。充分利用因特网、教育网、校园网等，推行无纸化办公。分期实现所有文件传递都在内部网络上进行、上传下达的各种文本材料使用电子邮寄方式的目标。对广大师生制定严格的行为习惯养成。诸如：开展少花一分钱、少用一张纸、少耗一度电、少用一滴水、少占一点教育资源、少倒一点剩饭剩菜的“六个少一”活动，还有养成不说脏话、不乱丢杂物等环保行为习惯。要求校园内公共场所都要实现“十无”，即无纸屑、无果壳、无痰迹、无杂物、无污水、无蛛网、无蝇、无鼠、无蛆、无虫。

在教学过程中，充分利用课程资源对学生进行环保知识的渗透。如语文教材中的《我是什么》《小蝌蚪找妈妈》《植物妈妈有办法》《树之歌》《大禹治水》《雾在哪里》，师生通过环保教育，从爱护树木花草做起，学校的科学老师还能巧妙地应用校园绿化建设资源，打造科学第二课堂，这样不仅易于学生对知识的理解和接受，而且还提高了学生的兴趣，培养了学生探究性学习能力，使教学效果有了很大的提高。让学生调查节约型、环境友好型学校创建行动与课程的联系，以课程为载体，传播生态文化。

在实施“节约型学校创建的行动”与课程联系中，学校政教处积极组织学生开展环保课外活动，并把环境教育与社区教育有机结合，组织学生积极参与学校、社会的环境监督活动，让学生处于环境问题思考与探索的情境中。

学校还结合植树节、爱鸟周、世界气象日、地球日、世界无烟日、世界环境日、国际保护臭氧层日等重大环境节日，广泛开展环保调查、植树、节水节电、变废为宝的手工制作、环保主题班队会、故事会、文艺演出、征文、绘画、摄影、科技创作、养护盆景花卉、创无烟校园、规范环保行为、主动拒绝使用塑料袋和一次性用品及评选环保先进班集体、个人等丰富多彩的环保实践活动。宝剑锋从磨砺出，梅花香自苦寒来。南宁市秀田小学通过国际生态学校创建活动的深入开展，广大师生的环保意识明显增强，养成了不吸烟、不损害公物、不浪费每一滴水、每一度电，不乱丢、乱写、乱画、乱涂及不高声喧哗等环保行为习惯，各项工作的整体水平得到了提升，学校的管理步入了科学、规范、严格、高效的轨道。有效促进学校又好又快发展。

学校将生态主题定为“惜水、爱水、节水，从我做起”，并根据存在的环境问题做出相关的调整、改变。在实施过程中，首先让全校教职工认识到建设生态学校的重要意义，以教师带动学生，在校园内形成浓厚的节约意识、环保意识氛围，这将使学校的节能环保产生直接效益，从而保证学校全面协调地可持续发展。同时利用校园广播、图书室、学校多媒体设备、班级黑板报等开展“珍惜资源，保护环境”的主题宣传活动。学校广播站每周进行 1 到 2 次节能宣传活动，教师带学生到图书室进行节约能源的主题阅读，教室黑板报每学期出版 1 到 2 期有关建设节约型校园方面的宣传知识，让学生在潜移默化中受到生态教育的熏陶。

在具体监测和评估过程中，学生为主要监测和评估的职责人，实施监测活动的过程基本由学生来完成，这有助于培养学生对创建生态校园的主体意识，确保了学生在本主题活动中的主体性。在第一次生态监测中，生态委员会决定根据学生的年龄和执行能力将监测任务按年级分组，三、四年级生态小组分别调查学校用水量主要集中在哪几个方面及各方面用水量数据的情况，五、六年级生态小组负责把三、四年级同学收集的资料、数据进行汇总、分析。

第二次评审是在第一次的基础上进行的，主要任务是调查学校在哪些方面存在浪费水资源的现象，调查工作交给三、四、五年级，他们分成几个小组展开调查，在调查中发现，学校厕所的用水是自动循环的，下班时间、周末等水都在循环流动；洗手池的水龙头有时存在滴水、漏水或者水龙头忘记关的现象；从部分老师那里了解到个别办公室的空调滴水基本都是倒在洗手池；在对绿化工人进行调查访谈中了解到，学校的绿化养护用的是慢灌溉方式，使用的都是自来水、空调水或雨水。

三、四、五年级同学把调查结果、资料汇总给六年级同学，六年级同学统计分析再集中开会汇报，再由全体生态委员讨论评估，找出合适学校发展的生态策略，全体生态成员开展会议讨论得出以下建议：厕所用水方面，把24小时自动冲水系统改成上班时间冲水，下班时间、周末、寒暑假等冲水系统不运行；学校的水龙头要定期检查是否存在滴水、漏水现象，有存在的应及时维修；班队会课，班主任要教育学生养成洗手关水的习惯，杜绝水资源的浪费；同时教师自身也要提高节水意识，办公室的空调滴水不应浪费，可以拿来浇灌花木或冲洗厕所、道路清洗等；绿化养护方面，尽可能充分利用雨水，校园的假山蓄水池可以满足校内的部分绿化浇灌。

为了生态学校项目的持续开展，学校每学期进行一次生态评审，并根据评审中相关的数据进行对比、分析，总结生态学校创建工作中的优点与不足。表4-4是学校三个学期用水的对比情况，从表中我们可以知道自从创建生态学校以来，在全体师生的共同努力下，用水方式方法得到了很大的改进，用水总量呈递减的趋势。通过表中数据可以看到，2017年3月的第三次环境评审结果相对于第一次评审有了很大改观，学校节约了544立方米的水。

表 4-4 用水量统计

	厕所用水（m^3/ 月）	洗手池用水（m^3/ 月）	绿化养护用水（m^3/ 月）	用水总量（m^3）
2016 年 4 月	2080	1366	1108	4554
2016 年 11 月	1899.5	1211	1020.5	4131
2017 年 3 月	1856	1138	1016	4010

（3）江苏省江阴市徐霞客中学

徐霞客中学于 2007 年被评为国家表彰绿色学校。

首先，学校通过五个方面来推动绿色学校发展：

教育理念建设。学校统一认识，把绿色环保教育看成弘扬霞客文化新的切入点，把环保教育向环境育人推进。通过行规教育、各学科渗透构建起立体的大环境教育，把环境教育向环境管理推进。建设资源节约型、环境友好型校园，通过环境管理实现环境教育的效益，把人与自然的和谐教育向人与人的和谐教育延伸，把办学理念修正为“发展育人，和谐育人”，努力使“干群、师生、师师、生生、学校与社区”五大关系和谐发展。

人力资源建设。该校从社区聘请的辅导员、年级组长、学科组长到班主任、课任教师全员参与，形成教师教育网络，从团委、学生会、生命绿志愿者协会到全体学生，形成全员受训、全程受训的立体组织网络。

实践基地建设。包括校内基地与校外基地。校内基地又分为教室园地：班级建立了绿色之角，有绿色公约或绿色宣言、班级口号、活动照片、小制作等；网站园地：学校青鸟网友协会和生命绿志愿者协会开发了“绿色之叶”网站，成为师生发布信息、共同交流的平台；校外基地包括万翔集团污水处理厂、九州果业、马镇塑料回收公司、金燕化学公司、诚和皮革厂以及无锡芦村城市污水处理厂、苏州东太湖三山岛村。这些基地的建立，使学生每年有机会去基地活动1—2次，用动手体验、展开调研、现场主题活动等方式丰富学生的环境知识，培养学生的环保技能。

校本课程建设。学科课程是该校充分发挥学科教育的主渠道，学校于2000年9月在初一开设每周一节环保必修课，采用自编和摘编的教材。2005年7月，这所学校开发了四章12节的校本教材《绿韵》。教务处制定了环教大纲和考核体系，有力地推进了各学科渗透。环境教研组则经常举行示范课、研讨课，组织全体教师观摩。为了使徐霞客的绿色追求在霞客后代身上延伸，从2001年2月开始，一个“做绿色人、建绿色班、创绿色校、服务绿色社区”的活动链在各年级展开，学校向全体师生提出“随时参与、随处参与、主动参与”和“从我做起、从身边做起、从小事做起、从现在做起”的要求。另外，每年3月12日至6月5日，学校还开展“绿色行动X号”活动，每次都有一个主题。“绿色行动X号”成为该校开展环境教育活动的重要载体，也使绿色教育活动形成了制度化、系列化。

学校除通过绿色节日开展知识讲座、知识竞赛、征文、演讲、主题班会等对学生传授环境知识外，还指导学生开展环境科技活动，学校成立了蓝云监测队，不仅天天发布有十个要素的气象信息，还带领初一年级全体学生学习气象常识，学会评价天气，他们把蓝天白云的日子定为AAA级天气，把能见度低的天气定为CCC级。每年的10月份连续观测30天，并保存原始资料，最后形成年度比较分析报告。

生命绿志愿者协会每年 4 月到苏州东太湖取水样回来分析，写出《东太湖水质改善情况考察报告》。每次活动，都有明确的四部曲："设定探究目的、开展探究行动、举办主题班队活动、归纳分析观点建议，形成探究报告"，体现了初中新课改精神。一些主题活动如"水，水?水!""拒绝贺卡，珍惜纸张""生命源于绿色""沙尘暴警示录""同在蓝天下"等提高了学生的绿色素质，铸造了学生的绿色心灵，同学们的征文、调查报告、小制作等经常参加全国、省市相关比赛，并取得优异成绩。

环境管理建设。自 2003 年以来，学校制定了《徐霞客中学关于节约用水用电的规定》《徐中关于建设节约型学校的实施意见》《徐中垃圾分类制度及分类处理办法》。在《徐中"星级霞客班"考核评估条例》中，节水节电纳入了班集体量化考核。在学校学生行规每日公示栏中对开白日灯、无人电扇、漏水龙头等现象及时通报情况、点名批评，各班制定了《绿色公约》、设立了环保监督岗、节水节电员，食堂里加强了学生值日，监督节粮节水。从制度上、人力上使校园耗能得到有效控制。

2004 年 4 月学校提出建设友好型、节能型学校，通过硬件改善和主题活动、班集体建设、制度考核等来实施。2004 年 8 月，学校废止 0.5 吨锅炉，改用电蒸饭，煤炭使用量大幅减少，废气污染相应改善。2004 年 11 月，全校更换厕所水阀，使用节能冲水阀，并设置了废电池回收箱。2005 年 8 月，多数办公室、会议室、公共场所改换节能灯，空调开关、夜间路灯实行门卫一键式管理。积极使用节能型、环保型办公设备。另外，学校还及时制定了一系列规定、制度，为建成环境友好型、资源节约型学校提供保障。2006 年 3 月，安装校园绿化喷水系统，利用校内小河所积雨水浇灌，大幅度节约了学校水耗。

学校还积极建设零垃圾校园，包含两层含义，一是校园无垃圾，杜绝乱扔乱抛；二是垃圾可利用，培养学生进行分类回收，每周上交回收清单，开展回收表彰活动。2001 年 6 月 5 日，学校开展节能与护绿警示语征集活动，收到有意义的警示语 235 条。2002 年 7 月，学校内果壳箱改成配对分类垃圾箱。2003 年 5 月，建成集中回收站，并在校园内到处布置节能护绿警示语。2003 年 6 月 5 日，学校举行废电池回收仪式，当场回收 5065 节。2003 年 7 月，学校建立垃圾回收站，对常规垃圾分类进行回收并统计，同时要求学生在家庭、校外搜拾带到学校一起处理。截至 2006 年 7 月 10 日，共回收塑料瓶 35715 只、易拉罐 36937 个、废纸 4341 斤、旧报纸 3763.5 斤。三年来，学校变卖废品收入 10960.3 元，分别用于学生帮困助学和奖励绿色活动有成绩者。目前，学校废品回收已成为常规性工作。

多年来的环境教育实践，学校始终坚持四个结合：

坚持环境教育与校园建设相结合。学校精心规划刻意营造一个生态化、人文化、现代化的校园环境，学校在大量种植花卉树木的同时，发动师生在校园内挂植物铭牌，宣绿色警句，立环保专窗，设立校内实验园地、分类垃圾箱、废电池回收箱、人工鸟巢等，帮助学生进入绿色角色，悟园内高 6 米的大型雕塑“绿梦”昭示了全校师生的绿色理想。该校以霞客文化素材命名了校内的楼、路、园、桥、亭、墙，使整个校园成为绿色偶像——徐霞客的壮美人生博览园，学校由此被评为江苏省园林式单位。

坚持环境教育与素质教育相结合。对学生开展绿色生态教育是时代发展的需要，是国际教育的共同趋向。它不仅是知识和技能的教育，也是行规养成和价值观、发展观的教育，还有环境教育的实践性特征，而这些，也正是素质教育所需要的。

坚持环境教育与学校整体优化相结合。学校把绿色生态教育的中心词“和谐”进行扩化，把人与自然的和谐教育推进到人与人的和谐教育，以“倡导生态文明，构建和谐校园”为主题，强调以人为本，师生、生生、师师、干群、教师与家长、学校与社会六种关系的和谐发展，促进了学校各项工作的整体优化。

坚持环境教育与学校特色建设相结合。该校结合无锡市《霞客文化背景下学生自主探索素质培养研究》和江阴市《霞客文化背景下环境教育实践研究》等课题，在理论指导下，推动学校特色建设，寻求学校内涵发展，把学校的办学理念、管理文化、校园文化、素质特色统一到霞客文化与绿色文化的整合上来。

徐霞客中学把创建绿色学校看作是一个动态的过程，不断地梳理、反思、总结、升华自己的绿色教育和行动，为江阴的学校进一步弘扬霞客精神，繁荣环境文化，倡导生态文明做出了示范。

（4）南京市雨花台区小行幼儿园

南京市雨花台区幼儿园是一所公办性质的省级优质幼儿园。2010年4月荣获“江苏省绿色幼儿园”、2014年12月荣获“全国环境教育示范学校”。其中2014年、2015年、2016年、2017年连续四年荣获“国际生态学校”。行幼多年来一直对幼儿全面实施绿色教育，以“绿色·成长·爱”的理念为核心，倡导“在绿色中快乐成长”，形成了鲜明的办园特色。为了让“绿色教育”真正有效地开展，行幼坚持“科研促发展，科研形特色”的战略，以课题为抓手，开发园本课程。

“九五”期间开展了“培养幼儿环保品质”的区级课题研究；“十

五”期间开展了“幼儿环保教育活动设计”的市级立项课题研究；“十一五”期间开展了“幼儿情感性环境教育活动”的市级课题研究；“十二五”期间开展了“教学做合一理念下幼儿园园本环境教育操作研究”市级立项课题研究。其间幼儿园开展过垃圾分类、绿色出行、节约用水、虎凤蝶等活动来不断为幼儿营造美好的环境氛围，深入开展环境教育主题系列活动，使环境教育的效益达到更大，逐步形成自己的绿色品牌。

心泉行动——垃圾分类

从 2013 年 9 月开始幼儿园积极开展“垃圾减量”的项目活动，活动得到省环保厅、市环保局、区环保局、区教育局等领导的关心和帮助。全园师生、家长积极行动起来掀起了“垃圾分类大家一起来”的热潮，活动起到了非常好的效果。活动让孩子了解垃圾的相关知识，垃圾分类的意义，增强环境保护的意识，积极投入到活动中去，并能感染周围的人。

幼儿园成立了由幼儿代表、教师代表、家长代表、志愿者为成员的垃圾减量项目委员会，共计 36 人。委员会成员以幼儿为主体，由大班推荐选举产生，涉及面广，责任到人，分工明确。

通过幼儿园管理状况公开、师生意见征询、幼儿园问卷调查、委员会会议商讨等活动形式，吸纳师生、家长共同参与到这项工作中，对校园垃圾分类和家庭垃圾分类进行了初步的了解和评审，为下一步分析问题原因以及制定整治措施打下了基础。

根据评审所得出的意见，幼儿园针对主题所出现的问题开始着手制定行动方案，并在幼儿园的《家长园地》《宣传栏》将行动计划进行了公示。

表 4–5 “垃圾减量”项目活动行动计划

<table>
<tr><td colspan="2">活动目标</td><td colspan="2">让孩子了解垃圾的相关知识，垃圾分类的意义，增强环境保护的意识，积极投入到活动中去，并能感染周围的人。</td></tr>
<tr><td colspan="2">行动步骤</td><td>负责人 / 小组</td><td>时间</td></tr>
<tr><td colspan="2">调查幼儿园、家庭垃圾分类情况方式</td><td>垃圾减量项目委员会实施委员</td><td>2013 年 9 月</td></tr>
<tr><td colspan="2">制定“垃圾减量”活动方案</td><td>垃圾减量项目委员会会长</td><td>2013 年 9 月</td></tr>
<tr><td rowspan="7">活动实施</td><td>1. 活动启动仪式</td><td>垃圾减量项目委员会委员</td><td>2013 年 10 月</td></tr>
<tr><td>2. 大班开展有关“垃圾分类”的主题教育活动</td><td>垃圾减量项目委员会委员</td><td>2013 年 10 月—2014 年 4 月</td></tr>
<tr><td>3. 升旗仪式上宣传垃圾分类知识</td><td>垃圾减量项目委员会委员</td><td>2013 年 10 月—2014 年 4 月</td></tr>
<tr><td>4. 幼儿园、各个班级开展“垃圾分类”宣传、评比活动</td><td>垃圾减量项目委员会委员</td><td>2013 年 10 月—2014 年 4 月</td></tr>
<tr><td>5. 园本环境日开展“垃圾分类”宣传活动</td><td>垃圾减量项目委员会委员</td><td>2013 年 11 月 27 日</td></tr>
<tr><td>6. 幼儿园开展“变废为宝”亲子废旧物品制作竞赛</td><td>垃圾减量项目委员会委员</td><td>2013 年 12 月</td></tr>
<tr><td>7. 中班开展“垃圾分类虎凤蝶”活动</td><td>垃圾减量项目委员会委员</td><td>2014 年 4 月</td></tr>
</table>

幼儿园举行了“垃圾分一分城市美十分”活动启动仪式；向全园师生发放“垃圾分类”倡议书；幼儿园发起行动，全园小中大六个班级认真开展“垃圾分类”活动，通过班级投放分类垃圾桶、每周大扫除、评选班级“垃圾分类”绿色宝宝、绿色家庭等活动切实提高孩子

垃圾分类的意识，使更多的家庭采用垃圾分类的方式；开展了“垃圾分类虎凤蝶”活动，孩子们在活动中始终坚持做到垃圾分类，体验垃圾分类带来的好处；幼儿园还坚持对实施垃圾分类并积极参与“垃圾分类”活动的家庭给予表彰。

结合幼儿园的实际情况和各学科的特点，以主题教学活动为主渠道、体验活动为重要手段、各类课程为载体，实施环境主题教育。在大班开展“垃圾”环保主题，围绕这个主题，开展环境布置、区域游戏和教学活动、外出体验活动。让孩子们在主题教育活动中培养环保意识和环保行为。幼儿园资料室和每个班级的教室都配备有与垃圾有关的环保主题书籍资料，供孩子们阅读和探索。

比如，幼儿园组织大班学生开展了“垃圾”主题教育活动；开展以“垃圾”为主题的亲子知识竞赛；开展以“绿色新年垃圾分类”为主题的寒假活动；通过“给家长一封信”“班级网页”“校信通”等沟通交流渠道，呼吁孩子和家长做好垃圾分类工作等。

社会宣传与参与

幼儿园还深入居民社区，进行相关主题知识的研究、学习和宣传。同时，通过“环保进社区”“大手拉小手”等活动对社区居民、家长开展教育，让所有人在轻松的气氛和愉快的活动中学到知识，收获感悟。

表 4-6 开展宣传活动一览表

时间	地点	参加人员	活动主题	备注
2013.9.26	幼儿园	全园师生、省市区环保局领导、区教育局领导	“垃圾分一分城市美十分”启动仪式	省环保厅领导对活动和项目实施提出了很多宝贵意见
2013.11.27上午	幼儿园	全园家长	垃圾分类知识讲座	园本环境日活动
2013.11.27下午	小行小区	垃圾减量项目委员会部分委员	“环保进社区”绿色出行宣传活动	
2013.10—2014.4	幼儿园网站、班级网站、家校通、家长园地	全园师生、家长	宣传垃圾分类的知识	

在一年时间里，幼儿园积极开展了内容丰富、形式多样的活动，通过“体验”“渗透”“整合”“细节”，将垃圾分类的意识深入到孩子、家长、老师的心中。

垃圾分类不是一句口号，为了让幼儿园的孩子和家长们真正做到垃圾分类，幼儿园开展了很多体验活动，如：在“垃圾分类——心泉行动”启动仪式上幼儿园孩子将自己从家里带来的可以回收的垃圾进行分类，幼儿园邀请垃圾收购站的工作人员现场回收，回收垃圾所得的钱作为幼儿园环保基金。孩子通过活动体验，不仅学会了垃圾分类的知识，同时感受到垃圾分类带来的好处；幼儿园还开展了紫金山虎凤蝶亲子活动，老师将垃圾分类始终贯穿在活动之中。出发时大家一起检查书包，将书包里可以清理的垃圾清理掉，不把垃圾带上山，垃圾分类的活动。孩子们很积极地把包里的食物包装盒进行了拆卸，并分类投放在垃圾桶里。最后到达山顶孩子们再次进行了垃圾分类的活动，把沿途产生的垃圾放进了垃圾桶，并且知道了，以后出门要少带零食，只带必要的食物和水，尽量不带零食，一方面是减少垃圾食物的摄入量；另一方面也是减少在外的垃圾，保证身体的健康，让孩子们在活动中体验到垃圾分类就在身边，保护环境从身边做起。

为了让幼儿真正理解垃圾分类，自发践行环保行为，幼儿园将垃圾分类渗透到园本课程和一日活动中，让孩子们通过集体教学活动、游戏活动和生活活动养成垃圾分类的意识和行为。大班开展了“垃圾分类”的主题活动，通过集体教学活动、知识问答游戏，让孩子知道垃圾分类的重要性，垃圾分为哪几类，怎样进行垃圾分类等。同时，班级还在活动区、角色游戏中投放与垃圾分类相关的材料，让幼儿在游戏中学习垃圾分类。幼儿园还在每周五的下午组织孩子们开展班级大扫除活动，在清洁教室、幼儿园的同时做好垃圾分类。现在每个班级都有垃圾分类箱，孩子们都会将垃圾分类投放。

在小行幼儿园，“垃圾分类——心泉行动”并不是单一的一项活动，而是整合在很多活动之中。如幼儿园利用周一的升旗仪式在国旗下讲话的环节，请大班的孩子和老师还有家长志愿者给全园的孩子介绍垃圾分类的知识；利用家长来学校的机会，请环保专家给家长进行主题为“垃圾分类”的讲座；放寒假时，会在“给家长的一封信”中告诉家长和孩子做好垃圾分类，并教育孩子们少燃放烟花爆竹，将家里的纸盒、瓶子收集起来，不浪费粮食，减少厨余垃圾等，过一个绿色新年；幼儿园还在虎凤蝶活动中加入垃圾分类的活动，让活动更加有意义，孩子收获更多；利用每周教师的业务学习时间，用 10 分钟组织教师学习垃圾分类的知识，只有老师掌握了更多相关知识，孩子才能学到更多的知识。通过各种活动的整合，全园师生、家长垃圾分类的知识和意识不断地增长和提升。

幼儿园自从开展了“心泉行动”后，更加关注在平时的工作中减少垃圾的产生、注重垃圾分类，在细节中做好垃圾分类。如：每个班级都会主动做到节约用纸、投放可回收和不可回收垃圾桶；厨房都会主动将牛奶盒、饼干盒、油桶、瓶子等可回收的垃圾收集起来，尽量减少厨余垃圾；幼儿园教师打印材料，也尽量做到双面打印、用废旧的纸打印；幼儿园在操场上摆放了分类垃圾桶，师生、家长在扔垃圾的时候随时做到垃圾分类；在家长阅读区、教师书吧、孩子阅读区添置了有关垃圾分类和环境保护的书籍、绘本，在闲暇时大家可以通过书本了解相关的知识等，幼儿园的每一个细节之处大家都能学习垃圾分类、践行垃圾分类。

“垃圾分类，举手之劳，功在当代，利在千秋”，尽管这项活动已接近尾声，但幼儿园将持续开展垃圾分类活动，不仅要让垃圾分类在校园扎根，还要让小手牵大手，营造全民参与的良好氛围。

二、香港地区绿色学校

香港环境保护运动委员会、环境保护署及教育署于 2000 年开始设立香港绿色学校奖和香港绿色幼儿学校奖。

为了更有效地指引学校向绿色学校的目标发展，2003 年，香港环境保护署委托长春社编制了《迈向绿色学校——学校环境管理指南》（以下简称《指南》），作为学校在确立和实施环境教育政策时的指导。

《指南》包括：环保基础建设：校园绿化；校园环保设施；环境管理：环境政策；环保措施实践；绿色幼儿学校自我评核表及计分表。

1. 绿色学校的环境管理

创建绿色学校的首要工作，是学校制定相应的环境政策，以显示学校对环保的承诺，向老师、员工、学生、其他有关人士及社会传达学校对环境的使命、视野及信念，为学校的改善环境措施提供一个框架。环境政策一般要求简单易懂、实用易达以及可操作。学校根据初步的环境审核，确定哪些情况对环境有重大影响或有改善机会，决定学校的整体环保方向。根据学校的需求，确定环境政策范围，草拟及修饰政策用词，在这一过程中充分收集校长、校董会及教职员工的意见。确定成文后，由校长或绿色学校策划及推动小组向校内外推广。

要使绿色学校的创建工作落到实处，学校应当成立一个“绿色学校策划及推动小组”，负责统筹整项绿色学校计划。小组包含学校各方面的代表，包括管理层、老师、学生，甚至家长，以主席（或绿色经理）为首，全面负责管理学校所有有关环保的事务。小组主要工作包括制定学校相关政策、定期进行环境审核、制订学校环境教育计划并保障其有效实施。

在学校政策层面，校方在政策制定中，必须制定环保宗旨及目标，明确学校进行环境保护的具体措施，如废物管理、节水节能、环保采购、减低噪音、净化室内空气等。建立并实施环境管理措施是确保学校的管理运作符合环保原则的重要环节。

2. 绿色学校环境建设

作为一所绿色学校，无疑必须建设一个优美的校园环境。而要进行环境建设，则要求学生参与到校园的绿化活动中去，美化及改善校园环境，从而使学生在参与这些措施中，不仅美化了校园，还可以培养一份对校园社区的关心及归属感。该指南提供了室内、室外、堆肥等许多具体方法。

3. 设立环保阁

环保阁是学校设立的环保信息中心，既可以是一个小房间，也可以是一个书架或一块告示板。由一位老师或职员负责统筹及监察环保阁的安排，特别是资料的处理、保存及更新，尽量发动学生参与资料的收集更新工作。

4. 绿色学校的环境审核

在绿色学校的创建过程中，首先要了解学校目前实践环保措施的情况，并根据这些情况制定适合学校的具体目标及时间表向绿色学校的目标迈进。在实施一系列的环境管理措施之后，也需要评估这些措施的效果，找出需要改善的地方。定期作环境审核可以积累这些基本资料。

《指南》建议的审核的程序包括：策划整项审核工作（决定审核目的、范畴及程序，选择人手安排整项审核工作）；检讨学校的环境政策（选取准则以度量目标是否达到为标准，制定收集数据的方法及准则）；考核机构、其管理及设施的表现；评估机构在环保方面的表现（比较过去与最新收集的数据）；确认需要改善的地方；内部汇报（递交报告，评估报告，跟进报告的建议）。

《指南》提供了一份细致的《自我评核表格》，表格从学校环境建设、环境管理、环境教育、环境教育的成效、学校成员参与环保活动几个方面，协助各学校客观地进行自我检讨及评估，并提供了对照的指标。

5. 学校成员参与环保活动

《指南》鼓励校内的各种组织，如环保学会、科学学会、学生环境保护大使计划或其他相关小组，以及学生会、各学科的学会、园艺学会、公益少年团等，都可于校内及校外举行各种环保活动，并可邀请绿色团体、社区组织及政府部门协助参加。《指南》认为，这类跨学科的活动能较好地反映出环境教育的积极作用，因为学生通过跨学科的活动能自我发展对环境的认识，同时，也可反映并强化学校对社会及环保责任的承诺，更好地培养学生成为具有环境意识的公民。

6. 香港绿色学校奖

香港中小学绿色学校奖由环境保护运动委员会、环境保护署及教育署于 2000 年开始设立，香港教育学院及香港生产力促进局为协办机构。这项计划的目的是鼓励学校制定环境政策及执行环境管理计划，以达到绿色学校的目标；提高学校管理阶层、教师、非教学人员、学生及家长的环保意识，培养他们对环境友善的态度及鼓励他们实践环保生活。这项计划针对全香港中、小学校并分为中学组及小学组。奖励计划包括：环保训练工作坊、推行环境管理和环境教育，特别绿色计划比赛及学校比赛。香港教育学院及香港生产力促进局将会提供训练课程给参与学校管理阶层、教师及非教学人员。训练课程集中在实践环保的重要性，提倡绿色行动，以及与出席的学校代表分享推行环境教育的经验。

参加计划的学校首先要填写一张申请表，表示愿意参加这项奖励计划。参加者将以三阶段评分：

第一阶段，学校提交一份预先设计的自我评估表概述他们的表现。

第二阶段，由初选评审委员会选出十所中小学作实地考察。

第三阶段，从每个组别中选出三个有突出表现的学校作最后评审。

在评选过程中，评审委员会将会根据《学校环境教育指引》的要求，考虑学校环境建设、环境管理、环境教育、环境教育的成效、学校成员参与环保活动等因素。具体而言，环境建设包括校园的绿化、校园的洁净程度、环保角及报告板的设立；环境管理包括环境政策、环境教育统筹小组、环境管理实务、环境教育训练、传播环境信息；环境教育包括以正规课程推行环境教育、行动计划、融合环境教育于各学习领域、教材，以及以联课活动形式推行环境教育，如环保学会、学校活动、与小区、国内及世界各地机构协作的活动；环境教育的成效包括环保意识、态度及行为、环保奖项；学校成员参与环保活动包括采用环保膳食、减少废物、提倡洁净空气及洁净水质、学生环境保护大使活动或其他环保活动。

评审委员会的评审准则包括：学校是否设有环保角，校园是否清洁；有否制定环境管理政策和成立执行小组；是否在正规课程和联课活动中包含环境教育；学生和教职工有否充分的环保意识和良好的环保态度和行动；学校有否参与环保活动，如环保会的学生环保大使计划等。此外，参与学校的教育活动是否体现了每一届的不同主题，以及参与“特别绿色计划比赛”的情况，也是衡量的一个标准。

香港绿色幼儿学校奖是由香港教育统筹局、环境保护署、环境保护运动委员会联合举办，中国银行（香港）和环境及自然保育基金赞助，专门针对香港幼儿学校推动环境教育设立的奖项。计划目的：鼓励幼儿学校制定环保政策及执行环境管理计划；培养幼儿认识人与生态的平衡关系；提高幼儿学校管理人员、教师、非教学人员及学生的环保意识。

奖励项目：最杰出表现奖；环境资源教材及培训活动；课室墙报板设计比赛及环保手工艺设计比赛。

参与计划的幼儿学校须就以下四个评审范畴在校内推行环境管理及教育，以角逐“最杰出表现奖”：环保基础建设、环境管理、环境教育、家长对环保活动的参与性。每个评审范畴均设立 3 个“最杰出表现奖”，共 12 个奖。

夺得“最杰出表现奖”的幼儿学校获得一面印有“香港绿色幼儿学校－最杰出表现奖（学校环境设施 / 环境管理 / 环境教育 / 家长参与环保活动）”的奖牌，所有达标的幼儿学校将获颁“积极参与奖”奖状。

绿色幼儿学校的评审程序为三个步骤，第一步是初评，要求参评学校提交自我评核表，学校就上述四个评审范畴中个别项目进行自我评分，提交环境保护运动委员会秘书处做初步评审。

第二步是会面，秘书处核实自评分数后选出入围学校，然后由评审委员会以学校递交的“自我评核表”为基础，并就“四个评审范畴”的个别项目提出问题，学校代表当场回答有关问题。评审委员还要求审查学校的其他有关资料，如相片、教案、环保指引、约章、电费单、水费单、会议记录、通告、调查记录等，再评选出最后入围学校。

第三步是终审，评审委员会就每个评审范畴选出得分较高的学校（约十余所），并到学校进行实地探访。学校在探访当日，须向评审团展示校园环保设施、相关文件、会议记录、校内报告、通告等。在核实学校的表现后，评审团会在四个评审范畴各选出表现最佳的三所学校，共十二所学校。这十二所幼儿学校将获取“最杰出表现奖”，并于颁奖典礼中接受奖项。

7. 案例：香港浸信会天虹小学上午校

天虹小学上午校于 1998 年成立了环境工作组，综合了各地区的经验，制定了学校的可持续发展教育目标，并确立为学校的办学宗旨之一。他们根据“关注”“经验”和“行动”三个不同阶段的策略，发展了学校的可持续发展架构。通过学校系统的四个部分，包括学校环境管理系统、环境教育课程、学校活动及专题计划，相互配合来推动校园的各项可持续发展教育活动。

（1）建立学校环境管理系统

在校监何建宗教授的倡导下，天虹小学参考企业环境管理系统，编写了《学校环境管理系统》，于 2000 年完成并予以推行。学校环境管理系统将学校的环境目标和环境承诺，主动与学校的教育目标结合，将环境保护的意识内化于学校的组织行为中。学校环境管理系统有两个主要的发展范畴，包括高水平的环保标准和积极宣传环境保护的讯息，利用绿色采购及新科技减少学校运作时产生的废物和污染。并建立环境信息系统（环境资源中心），通过不同的媒介，加强与公众与政府的沟通，将环保的信息带给同学、家长、教职员工、社区及公众。

（2）开展可持续发展教育课程

为了有效地推行可持续发展教育，天虹小学上午校根据不同地区的有关可持续教育的经验，配合学校的独特情况及学生需要，编制了本校可持续发展教育的第一学习阶段和第二学习阶段目标，并参考英国、美国、中国大陆和中国台湾地区的教材，完成了一系列初年级、中年级和高年级三册可持续发展教育的教材，支持常规课程、隐蔽课程和专题活动的策划。此进阶式教材结合课堂学习和专题活动，循序渐进、由浅入深，让同学有系统地从多层面（情景、知识及技能上）掌握有关的技艺，运用独立的分析能力、多学科（Multi-disciplinary）和综合化课程（Integrated）的策略，逐步掌握可持续发展教育的理念，培养学生成为具备正确的自然价值观和爱护环境的公民。天虹小学希望通过课程的发展，逐渐将学校社区化、社区学校化，以更开放、更生活化的方式，运用校园和社区作为推动可持续发展教育的基地。

天虹小学非常认同美国青少年环境教育项目——有益于全球的环境学习计划（GLOBE 计划）的理念，故此积极推动使用信息科技进行可持续发展教育专题研习。除了运用教师提供的信息和设计的互动教材学习外，同学们更可在互联网上搜寻各种资料、开阔视野和寻求支持，充分利用信息科技，缩短地域上的距离和节省学习的时间。

（3）进行多元化活动

除了将可持续发展教育的理念加入在各科的教学中，天虹小学还在各类课外活动推行这一理念，从不同的角度和层面来推动对可持续发展的认识，让同学以全面的、综合的知识和多元的分析方法解决环境问题。此外，学校学习不应受到课室、校园混凝土建筑的压制，要让学生在教室外，在社区化、多样化、绿美化及人性化的校园进行可持续发展教育。

将可持续发展教育的理念由学生带入家庭，进而影响社区是天虹小学的主要方针。我们通过参与英国蚬壳教育中心、绿色团体和志愿机构举办的社区服务，参观、考察亲子可再生能源工作坊等，让学生、教职员工及家长亲身参与，身体力行，培养正确的环境价值观，并加强家长与儿童的关系。2000 年，学校又成立了“家长环保义工队”，义工队的第一项活动是协助学校推动“赛马会绿孩儿计划”，鼓励更多的家长积极参与，拒绝使用塑料袋。

为了扩大同学、家长和教职员工的视野，学校举办多种交流活动，参观国内的绿色学校、环保设施及生态教育中心，并与海外及国内的环境教育工作者及同学，分享交流不同地区的经验，体验各地区的可持续发展教育的经验，借此取长补短，作为学校未来发展的借鉴。

（4）设计专题计划

学校的可持续发展教育活动所需的财政资源、教育资源和环境资源中心的运作，均由环境工作组统筹，主要通过设计、申请及推行各项专题基金计划，支持活动的进行。

为了更有效地推动学校的可持续发展教育，学校设计了“爱己、爱校、爱地球计划”，以“关注”“经验”“行动”三个不同阶段的策略，配合不同的主题（例如，从地衣研究及可再生能源探讨空气污染问题）并辅以不同的支持计划，以“既能广博亦能精”的方向，将环境保护的理念融入学校教学与生活，让同学以全面的、综合的知识和多元的分析方法解决环境问题。

除了达到环境教育的目标外，学校还通过专题计划，从绿色设计的角度来进行校园绿色建筑与校园绿化计划（例如园圃及蔬果屏风），创建绿色校园。另外，通过计划，搜集各类环境教育资源，充实学校的环境资源中心，支持学校及社区未来的可持续发展教育活动。我们积极推行可持续发展教育课程、多元化活动及专题计划的目的，在于加强低年级同学的环境情意教学（环境敏锐度），随着年级层次的递增，逐渐加强认知、技能和生态的原理，培养同学的意识、知识、态度、技能、评鉴能力和参与能力。

“环境管理”在教育系统中仍是一个非常崭新的概念。天虹小学的“学校环境管理系统”得到校董会和校监何建宗教授的全力支持，得以结合学校的行政架构，并与各科教学整合，配合环境教育资源中心提供的信息，成为一个结构紧密而具有高效能的环境管理系统。计划对教师亦起了积极的作用，同学和家长的热情投入，成为教师坚持继续推行可持续发展教育的最大动力。而教师通过教学和活动对可持续发展教育做出反思，开拓了更广阔的视野，为可持续发展教育工作重新定位，不再单单聚焦于环境保护的工作，而是以人的全面发展，个人素质和能力的提升，作为解决环境问题的钥匙。另外，在这一过程中教师也体会到终身学习的重要性。另一个意想不到的收获，是可持续发展的理念很快得到家长的认同，“涟漪效应”得以激活，使学校可持续发展教育的网络不断壮大，协助社区的发展。

三、中国台湾地区的绿色学校

台湾地区的绿色学校从环境教育出发，强调心灵环保，师生共同参与，并且表现在学校的环境政策与管理计划、学校的校园建筑与户外空间、学校的教育计划与教学、学校师生的生活四个方面。过程中注重“生态思维、人性关怀、伙伴关系、行动学习、资源交流”，指引参与学校的师生依照自己的现况，学校的能力及资源，逐步改善，并以伙伴精神相互鼓励、提携，资源相互交流。①

台湾地区绿色学校的正式创建，可追溯到 1998 年。在可持续发展目标指引下，当时台湾教育主管部门把 1998 年的环境教育培训主题定位在“永续校园”上。1998 年 11 月，台湾环保主管部门委托台湾师范大学环境教育研究所设计编写一本可供中小学教师参考使用的环境教育教学活动教材手册。为此，台湾师范大学环境教育研究所成立了研究工作小组，在参考其他国家和地区类似计划的做法后，针对台湾地区的实际情况，推出了第一个“绿色学校推广研究”计划。

1999 年 1 月底，台湾教育主管部门环保小组为拟定下一段环境教育计划政策，在花莲举办了一次顾问会议，同时邀请环境教育及环境污染管理的学者们出席参加。不过环境教育的主要问题还是缺乏推动环境教育与环境管理的专门性组织，因此，要在缺乏人力与组织支持的情况下推动台湾学校的可持续发展是一个难题。

1999 年 4 月台湾环境教育研讨会年会上，针对什么是“永续学校”展开讨论。5 月，高雄师范大学环境教育中心出版了《环境科学技术季刊》学校永续发展专刊。一些环保学者及校长、环境教育行政人员针对“永续发展”的学校理念提出了不同的见解。

1999 年 1 月至 6 月，“绿色学校推广计划”台湾环保主管部门委

① 台湾绿色学校伙伴网络，https：//www.greenschool.moe.edu.tw/aboutGS/。

托计划期末报告出台，报告中提出了一个为期十年的分阶段实验工作计划，并将台湾的绿色学校初步定义为："透过学校的师生、家长的参与，共创符合安全宁适、生态原则、具本土色彩的校园及社区环境，并且积极地参与关怀土地、生命、生态系、地方与国际社会的活动与推广的工作。"至此台湾绿色学校计划初具雏形。

1999 年 11 月至 2000 年 12 月，台湾师范大学环境教育研究所与环境教育学会推出《台湾绿色学校伙伴网络计划推展先驱计划》第一年执行成果的期末报告书。该报告提出了以下阶段工作目标：

◇ 成立台湾绿色学校伙伴网络计划的管理办公室及工作团队。

◇ 为了顺利推动绿色学校计划，由台湾师大环境教育研究所负责规划建构台湾绿色学校伙伴网络计划的执行办公室。通过中华环境教育学会再邀请环境管理政策、绿色建筑及校园的专家，与既有的工作人员组成工作团队。中心办公室在整个计划中需扮演四个角色：引发者、过程辅导者、串联者、共同问题解决者。

◇ 建构台湾地区绿色学校伙伴计划的推广教材与资讯。

◇ 继续进行初期的教材规划设计，完成教学测试计划与计划成效的评估标准，提供给网上学校的师生居民上网互动学习。以及收集政府单位民间团体的资讯供参与者参考。

◇ 建构台湾绿色学校伙伴计划的电脑网站。

◇ 建构一个环境教育网站，建制各种教材，提供可以自己做的妙方，让学校师生可以立即查询使用，提出问题，寻求解答同时也提供绿色学校间的成果分享。网站从 2000 年 1 月底开始构建，分批完成设计，资料陆续上网。

◇ 举办研讨会来推行绿色学校理念及培训绿色学校活动的操作。

此外，台湾地区自实施环境教育计划以来，历年举行“推动环保有功学校遴选”活动，对选拔出的学校和老师进行表彰。2002年，“教育部”推动“永续校园”计划，该计划在学校进行硬件和软件两方面的改造，在硬件设施方面，主要进行生态环境恢复与维护和永续建筑，在软件上，配合九年一贯课程，根据各校校园环境改造的状况，创造出符合各校特色的教学教材，并进一步与其他学校配合形成环境教育网络。

该计划开始从100多个伙伴学校中挑出20多个学校进行补助，每个学校补助约新台币100万元。到了2003年，因为增加了补助的预算，几乎100多个伙伴学校都拿到了近百万的补助，虽然金额不算太高，但对学校也是一种大大的激励。

从整体上来看，绿色学校计划因地方教育局的推动、伙伴网站平台的分享、资深伙伴在各地的解说等各层面的努力，现在已出现了学校环境教育的热潮。绿色学校伙伴网站知名度及使用率均得到提高。但绿色学校伙伴网站必须提高质量，开辟主题区，如与其他地区的绿色学校进行交流。甚至与其他的部会合作，如：台湾“农委会”的保护动物、生物多样性、台湾“环保署”的废电池回收等。

案例

（1）台北““深坑国小””

““深坑国小””位于台湾新北市深坑区，总面积2.7公顷，建于1899年，是一所百年老校。学校面对教学设施老旧、地理位置边缘化、社区结构改变等挑战，于2001年开启“永续校园改造计划”。三年中其充分利用校园植物多样性、文化独特性等优势提出永续校园局部改造计划。希望营造一个生态、环保、健康、节能、多元的学习环境，让百年老校迈向永续发展。经过不断的努力，最终获选为教育部永续校园改造示范学校，并获“永续教育奖”。

生态校园

深坑区年降雨量2800毫米，因此学校从“水”的议题出发。2003年提出“雨水再利用”与“湿地生态园营造”计划，并持续进行透水铺面改善工程、中水再利用及生态绿廊的水资源循环利用工程，这几项永续校园的“水工程”，将“深坑国小”发展为“水与绿”的生态校园。

1. 截雨水——营造湿地生态。学校利用学校多雨的地理特性及丰富的自然资源，营造一个水资源有效利用的校园湿地生态环境。在校园东侧建造一条森林、野溪、埤塘、湿地多样性环境的生态绿廊，湿地中种植水芋、茭白笋等农作与植物；利用回收雨水建造人工溪流串接原有生态湿地与末端的景美溪，为生物提供了一条进出校园的绿色生态廊道。对70%的屋顶进行雨水截留并应用于厕所冲洗，其次供应生态湿地、粮食景观植物池及生态绿廊的人工溪流用水。此举不仅为校园营造了一片湿地景观，还维护了生物的多样性，更提供了师生与社区居民进行自然观察、体验、教学及休憩的场所。

2. 雨水渗透——会呼吸的地面。敲除步道及车道水泥铺面铺设植草砖；打开操场上不透水的橡胶铺面，并铺植草皮。两年内共增加1800平方米透水铺面，以深坑地区年降雨量2800毫米估计，一年可让5040吨的雨水回渗，创造出会呼吸的校园。

3. 敲水泥——成功抢救老树。校园中两棵百年老树因周围的水泥铺面而呼吸困难，学校通过“抢救校园老树”活动敲开框住老树的水泥地，创造会呼吸的地面，让雨水回归大地。展现新生命力的老树，让学校师生和社区民众深刻体会到雨水资源的重要性；另外，大树和户外开放空间的结合，营造了学生游憩的乐园、户外教学的教室及社区表演的剧场。

健康校园

健康的室内环境是校园改造的重点，通过完善，将室内照明改为高效灯具，省电又提高亮度；装设吸音板改善教室及走廊噪音；在图书馆走廊上设置遮阳导光板，改善阅读环境；利用多层次绿化建造美观实用的遮阳藤架；成功建造省电、采光、通风、舒适的健康建筑。

节能校园

学校除了雨水截留外，还对厨房中水进行回收，换装学校洗手台龙头为省水龙头，装设太阳能时钟以及太阳能光电应用设施，不仅驱动生态池的马达运转，还提供再生能源教学使用。安装 5 个省水小便斗，一年可节省 750 吨水、750 吨污水处理、500 度电。利用厨房的废油让学生亲手做环保肥皂，用环保肥皂洗手达到废物再利用。

友好校园

校园环境活化再利用方案中对使用率偏低的闲置空间进行改善，权衡校园总体环境及师生需要，使其朝健康、安全、优美、生态兼具的完整机能性校园发展。营造树下亲和性平台，提供一个舒适、健康的空间，让人与人、人与树之间的感情开始交流；敲开国中小之间的水泥围墙，取而代之的是亲和性的绿篱，共享环境资源，让孩子的梦想更大；校园出入口规划为人车分道，行人走动、师生上下学更安全；拆除邻社区道路的高墙，改建成艺术性的装饰空间，拉近学校与社区的距离，不仅提供给社区居民更好的通学步道空间，也成为学生家长的接送交流区，提供给社区住民情感交流的空间平台。

永续的教学与生活

永续校园表面上在于空间改造，真正价值是凭借健康的环境进行深层的心灵改造。硬件空间需要搭配软件的课程设计与教学活动，让“工程”与“课程”持续协调发展，是永续校园改造的重点。

在教学上，学校积极与周围校园的特色文化进行联谊，特色野菜、茶业文化、花草植物、生态绿篱串起一条紧密相连的“植物链”，编织校园之间“自然生态”“产业文化”“永续经营”的共同目标。

在学校乡土课程方面，“深坑国小”结合学校环境教育特色与永续校园精神，发展出“水水校园”“农园、插秧”“化腐朽为艺术——树枝虫创作”“湿地生态探索”“深坑希望树”等课程。师生共同推动并实施环保朴素的生活，将省电、省能的观念和行动推广至社区，推动校园成为社区以及国际的环境教育基地，并将校内环境教育相关信息数字化，分享并推广永续环境的理念与做法。

新北市“二重国中”

1. 节能绩效保证项目计划

为实际推动节能减碳，学校于 2016 年底制订《节能绩效保证项目计划》，拟将全校 T8 灯管换成 LED 灯，并开展相关宣传教育活动。

实施步骤：

◇ 制订《节能绩效保证项目计划》，即计划将全校 T8 灯管换成 LED 灯，并向能源局申请 20% 的补助款，以减轻学校经费的支用；

◇ 进行更换灯具工程作业，完工后付工程款，后分六年（期）付款，每期付款皆需实际测量节能率，并据此以节能率多寡给付款项；

◇ 通过行政会报及导师会报，宣传本项工程作业及其节能减碳之功效；

◇ 于每学期“总务股长”干部训练时，进行节能减碳教育倡导，以期提升孩子们灯具节能减碳的观念，进而影响至每个班级、每个家庭，甚至于每个村里。

成果描述：

2017 年 10 月完成全校 T8 灯管淘汰更换为 LED 灯管作业，实际汰换 2798 支灯管，节能率 51.4%，初估学校年节能量 91552（kW·h）及可节省每年 27 万元新台币，并达实际减碳量 49 吨。项目总经费 188.676 万元新台币，完工后已验收拨款 49.9716 万元新台币，后续还有六年分期验收付款（每年 23.16 万元新台币），据统计，2017 年 11 月至 2018 年 1 月，实际累计节电费 6.5116 万元新台币，并借由各项行政会报、导师会报会议，让师生了解学校实际推动节能减碳的作为及功效，并于每学期干部训练中，向干部同学倡导，使同学更了解身边的事物变化，更了解学校推动节能减碳工作，并从中获得相关节能减碳的知识，进而影响至每个班级每个同学，甚至影响到每个家庭及村里，大家一起节能一起减碳，一起为地球尽一份心。

2. 发电机通风改善计划

该计划为发电机组维修暨通风改善工程。主要是学校停电时，紧急发电机供电给各防制设备使用，以避免造成校园重大危害及灾难，其连接设备包含电梯、消防泵浦及扬水泵浦等。学校紧急发电机产生的电力供污水扬水泵浦使用，若台风造成停电时，无法供电抽水，将造成水患等危机。平时若全面停电直接影响师生教学环境空间及卫生。为确保本校教职员工学生之生命安全，每月根据《柴油引擎发电机组保养检查表》检查学校发电机设备及功能使用情况，并维护其安全。该项工作通过行政会报、导师会报及每学期总务股长干部训练时，分享给全校师生，了解发电机的防灾重要性，以确保全校师生在安全无虞下就读就学，并提升全校师生防灾教育知识和能力。

实施步骤：

◇ 学校进行柴油引擎保养检查时，发现本校机房内发电机组发电机头发电线圈故障频繁，应进行维修拆卸，且机房内发电机组周边空间过热，导致发电机组无法正常使用及运作；

◇ 为改善此问题，经与厂商讨论及评估，拟增设抽排气管路及设备，以加强排风功能，并改善进排风量不稳定之情形，确保发生紧急危难时能发挥紧急发电机之功能；

◇ 关于发电机组维修暨通风改善工程，于行政会报、导师会报上向同学、老师说明改善的对策及后续进度，以确保全校师生安全无虞；

◇ 通过每学期总务股长干部训练，向同学倡导发电机于防灾准备的重要性，并随时注意校园各项设备的使用功能性（如电梯、饮水机）或状况（如地下一楼淹水），若无法使用或异常状况产生时，应尽快回报总务处处理。

通过开展本计划，培养全校师生居安思危的意识，同学们可协助总务处随时随地注意校园各角落的情形与状况，随时回报异常状况，俾利紧急修复，以建立校园全面防灾整备状态及提升全校防灾教育知识和能力。

第五章

中国绿色学校展望

第一节　国际可持续发展教育与绿色学校的发展

可持续发展教育是建设生态文明的重要手段。一般认为，环境教育和可持续发展教育是现代生态文明教育的主要形式。在全球人类发展的需求和地球生态系统的供给能力之间的关系日趋紧张的今天，生态文明教育在全世界范围内得到了越来越多的关注和重视。2014 年 11 月，世界可持续发展教育大会在日本举行，会议发布《塑造我们希望的未来——可持续发展教育十年（2005—2014）监测与评估终期报告》（DESD），对十年来国际社会和世界各国推进可持续发展教育的经验和教训进行了总结，并展望了可持续发展教育的未来，在世界教育领域引起巨大反响，成为各国制定教育政策、推进教育改革的重要参考。2015 年 5 月 19—21 日，世界教育论坛在韩国仁川松岛国际会展中心举办。本届论坛以“通过教育改变人生”为主题，通过了为今后 15 年的全球教育确立新目标的《仁川宣言》，该宣言坚决支持可持续发展教育全球大会上发起的“可持续发展教育全球行动计划”，强调人权教育与培训的重要性，以达成 2015 年后的可持续发展议程。2015 年 11 月 4 日，第 38 届联合国教科文组织全体大会通过了《教育 2030 行动框架》，针对《仁川宣言》提出的“确保全纳平等优质的教育，促进全民终身学习”设定了清晰的目标和指标，同时联合国教科文组织还发布了成立 70 周年以来第三份重要的教育报告《反思教育：

向“全球共同核心利益”的理念转变》，对可持续发展教育的理念进行了详细梳理，向未来提出了几个发人深省的问题：教育如何回应经济、社会和环境可持续发展的挑战？如何在教育中体现个人利益、公众利益和共同利益的区别？全球化为国家教育政策的制定和执行带来了怎样的机遇和挑战？如何通过人性化教育整合多元化的世界观？联合国教科文组织连续发布的以上报告前后呼应，确立了全球生态文明教育的基本框架。

国际可持续发展教育强调，必须将可持续发展教育的理念融入各级各类教育体系之中。综合课程、活动课程和“全校整合”的模式已经成为国际上普遍采用的重要方法。在正式课程中，强调以环境问题为中心，各学科共同合作的跨学科综合课程；在非正式课程中，主要推进形式多样的活动课程，如自然体验学习、户外教育等。在学校发展方面，强调“绿色学校”“绿色大学”的建设，在节能减排、校园配置、环境管理等方面坚持环境友好理念，贯彻“在环境中学习”的思想。例如，澳大利亚在 2013 年 4 月颁布了《整体学校计划》，指导中小学开展可持续发展教育。在绿色学校的建设中，每个学校都围绕学校能源、水、垃圾、生物多样性等学校资源和学校环境，制订了学校环境管理计划。整体学校计划涉及学校生活的各个方面：学校是怎么管理和运作的；学校设计；对学校地面的开发和管理；节约学校资源水、能源、产品、材料等；加强学校、社区和其他教育机构的联系性；保存和保护学校现有的遗产；为实现可持续性对学校课程、教与学的再定位等。

由此可见，随着国际上可持续发展教育的发展，学校教育越来越强调在正规教育和非正规教育体系的各个阶段和机构贯彻以终生教育为导向的素质教育，关注人们的学习内容和学习方式与当今全球面临的挑战的关系，培养具有责任意识且为未来做好准备的全球性公民。在基础和中等阶段，可持续发展教育的目标是提升公民的环境意识，致力于一种可持续的生活方式，公民必须能够察觉人类和环境所发生的恶劣变化，并能识别这种变化对区域和国际造成的后果，教育必须发展学生批判性和创造性的思维，并给予学生参与、经历和承担责任的机会。这些目标和做法，恰恰是中国绿色学校所主张和实践的。显然，绿色学校已经成为国内传播生态文明及推进可持续发展教育的重要载体及有力抓手。

第二节　中国的教育改革与绿色学校的发展

中国的新一轮基础教育课程改革与环境和可持续发展国际思潮的发展几乎同步进行。1949 年以来，中国先后进行了八次课程改革，最新一轮的课程改革即第八次课程改革于 1999 年正式启动。1999 年 1 月，国务院批转了教育部《面向 21 世纪教育振兴行动计划》，提出“实施‘跨世纪素质教育工程’，整体推进素质教育，全面提高国民素质和民族创新能力，改革课程体系和评价制度，2000 年初步形成现代化基础教育课程框架和课程标准，改革教育内容和教学方法，推行新的评价制度，开展教师培训，启动新课程的实验。争取经过 10 年左右的实验，在全国推行 21 世纪基础教育课程教材体系”。由此，基础教育课程改革正式启动。2001 年 6 月，中国教育部颁布《基础教育课程改革纲要（试行）》，中国 21 世纪以来的新一轮基础教育课程改革（以下简称新课程改革）全面展开。到 2010 年，义务教育阶段所有小学和初中都进入新课程，有的省份已实验 2—3 轮；高中阶段除尚未“普九”的个别西部省份外，已有 30 个以上省区市使用新课程。经过 21 世纪前十余年的探索和推进，基础教育课程改革推行的“新教育”可以说已经落地生根，成为目前中国教育的新常态。

在课程政策方面，第八次基础教育课程改革对与可持续发展密切相关的环境教育给予了特别的关注和强调，环境教育在基础教育中地位得以肯定与提升。1999年，教育部提出将环境教育正式作为一个跨学科的主题纳入中小学课程。2001年6月，教育部颁布的《基础教育课程改革纲要（试行）》提出：新课程体系要使学生具有社会责任感，具有环境意识，将环境意识提升为公民道德素养的一部分。2003年3月，教育部颁布《中小学生环境教育专题大纲》，要求全国中小学开设环境教育专题课程。2003年10月，教育部颁布《中小学环境教育实施指南（试行）》。这些举措，标志着可持续发展导向的环境教育核心理念已经在中国的中小学校中得到有力的支持并广泛实践。

《中小学环境教育实施指南（试行）》和《中小学生环境教育专题教育大纲》的颁布意味着基础教育课程中的环境教育有了平台和空间，在政策层面上确立了面向可持续发展的环境教育的合法性；进一步的，新课程改革要求每一个教育工作者将面向可持续发展的环境教育与课程改革紧密结合，将新理念、内容与方法融入新的课程；并承认参与式、探究式教学方法在基础教育课程改革中的贡献。这也意味着面向可持续发展的环境教育在推动本次基础教育课程改革方面发挥着独特的作用。

从宏观上看，新课程改革所倡导的政策方向和所实行的课程模式都具有创新性的意义，实际上与面向可持续发展的环境教育的价值取向和理念具有高度的一致性，主要表现在课程政策、课程理念和课程模式等方面。因此，中国的新一轮基础教育课程改革实际上也是一项面向可持续发展的教育改革，是中国教育转向可持续发展方向的重大举措，是可持续发展理念得以传播、进步和实现的契机。本次基础教育课程改革不是专门针对面向可持续发展环境教育问题而进行的，但却是历次课程改革中与可持续发展教育的目标、要求和特征契合度最高的。如果说可持续发展教育的基本理念在很大程度上还仅仅是一种教育的理想图景和理论构想的话，那么基础教育课程改革的具体实践就是这种图景的现实表达和设想的实践验证。

中国的绿色学校从本质上讲，是学校以面向可持续发展的环境教育的思想为指导，不断完善自我管理、改进教育手段、提高办学质量，从而也是学校不断解决自身可持续发展问题的过程。换言之，绿色学校的本质特征，就是在学校建设中体现可持续发展教育的理念。因此，中国的绿色学校可以说就是倡行可持续发展理念的学校。因此，在传播可持续发展教育理念、践行探索可持续发展教育现实途径的过程中，绿色学校发挥着这个时代不可替代的先锋和示范作用。

第三节　社会的进步与绿色学校的发展

随着可持续发展思想的深入，人们对人与环境的关系有了新的认识，对绿色生活概念的理解从口号转化成身体力行，在社会生活中时刻践行着可持续发展，比如节约用水、低碳出行等行为，这些绿色行为已经成为一种社会发展的新风向。绿色学校作为传播生态文明、绿色文化的新阵地，以可持续发展思想为主导，除了完成基本的教学目标之外，需要在践行可持续发展中做出表率，特别是在学校的日常工作中，必须意识到学校本身就是环境问题的制造者，为了减少学校对环境的不良影响，需要将可持续的思想应用到学校日常工作生活中，减少学校的碳足迹。有必要发挥绿色办公、绿色采购、绿色建筑对减少碳足迹的积极作用，可以采取学校建立完善的规章制度、加大资金投入更新绿色建筑等手段减少校园内的资源浪费。

国际化与开放水平的提高也给绿色学校的发展提供了新思路。纵观国际社会的绿色学校发展，许多发达国家的绿色学校比中国的绿色学校起步早，发展快，我们可以借鉴学习国外学习的先进经验，比如瑞典、英国、日本等发达国家在绿色学校发展模式、课程开发、师资队伍建设方面的实践，吸收其中适合中国借鉴的部分，为我所用，丰富中国绿色学校的内涵。此外，可以更多地利用新媒体手段、微信、微博、手机客户端等，更快捷更智能地推动师生与社会各界参与、互动，共同推进绿色学校发展。

我国自2009年启动国际环境教育基金会在全球开展的“国际生态学校”项目以来，为绿色学校的发展注入了新活力。生态学校和绿色学校都是青少年开展环境教育的重要载体，但在指导思想、教育方法、管理模式、申报程序上存在差异。指导思想上，绿色学校侧重环境知识的传授和教育管理机制的建设，生态学校侧重于组织学生参加环境保护的行动；教育方法上，绿色学校要求系统而全面的渗透式教育，生态学校强调在一个方面或者一个问题上深度钻研；申报程序上，绿色学校是由政府职能部门指导的要求由下而上的逐级申报，因此绿色学校有不同区位的等级之分，生态学校可以直接向国际生态学校项目中国办公室注册，完成“七步法”后即可申请审核认证；环境管理上，绿色学校是基于领导指导鼓励师生参与的模式，欧洲生态学校项目明确提出一个“学校应建立一个基于ISO14001/EMS方法的完整体系”的要求。ISO14001是一个国际标准化组织制定的一个国际通用的系列标准，要求组织通过建立和运行环境管理体系，达到环境绩效的持续改进。这一理念包括了学校各方面的管理机构的环境管理制度建设、方案制定和实施与评估等内容，学校以环境管理理念全方位代替传统的学校管理，是学校在管理认识和行动上的根本转变。

实践证明，绿色学校是在当前形势下对青少年开展环境教育的有效方法和途径，国际生态学校项目的引入，在改善学校环境教育方法，提高青少年参与环保的实践方面，提供有益的经验，为中小学开展环境与可持续发展教育方面提供了新鲜的思想，助推原有绿色学校理论和实践的进展。

第四节　绿色学校建设和发展的影响因素

对中国绿色学校的调查研究表明，影响绿色学校建设的诸多重要因素图示如下：

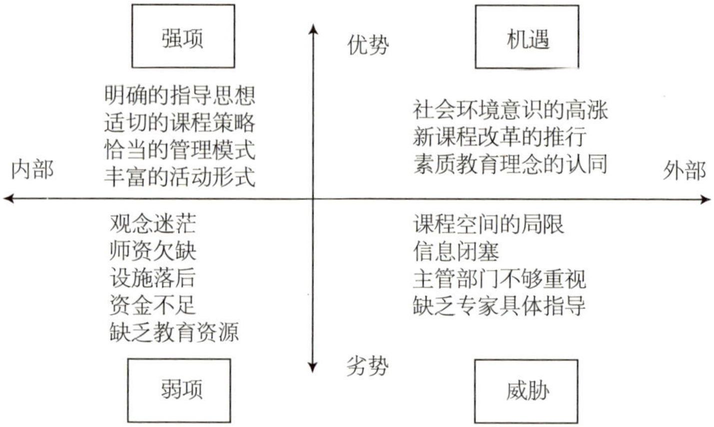

图 5-1　影响绿色学校建设的重要因素

从上图可以看到，目前中国的绿色学校，不论地区和层次，无论在内部和外部都存在一些优势和劣势，而且优势和劣势并不存在明显的压倒性，即没有优势明显超过劣势和劣势明显超过优势的现象存在。这说明在某种程度上，未来绿色学校健康、迅速发展的关键在于如何更好地发挥优势，消除和规避劣势。

另外，这些优势和劣势在学校中往往是由外及内，相互交织的。

换句话说，即许多内部的优势和劣势常常是外部优势和劣势在学校的内在反映。因此，外部优势和劣势的发展变化常常会影响到学校内部的优势和劣势的力量对比。所以，对中国绿色学校的发展而言，从国家层面营造一个适合绿色学校发展的政策环境，恐怕远比解决某些地区、某些学校的个别问题要重要得多。

从学校各自的内部优势和劣势来看，可以发现，相对而言，地处发达地区的学校、重点学校、中学和幼儿园的内部优势比地处不发达地区的学校、非重点学校和小学的内部优势要显著，而且内部劣势也不如其他学校那么突出。虽然还需要更多的研究加以证明，但可以做出的合理推测是，绿色学校的建设工作也许在发达地区、在重点中学和幼儿园能够更好开展，而在中西部地区、偏远地区普通小学开展的困难较大。另外，通过调查和访谈，各学校的内部优势和劣势都具有一定的共同性，显示出自 1996 年以来，经过一段时间的摸索之后，在中国可能已经形成了一定的绿色学校建设模式，并且在原有学校体制下潜在的瓶颈限制也开始凸显出来。这意味着需要尽快总结可以推广的经验，并设计有针对性的策略，才能进一步推动绿色学校建设的发展。

从学校的外部优势和劣势来看，可以发现，外部优势（机遇）非常一致，而且较大程度上表现为政策因素；而外部劣势除了课程空间一项为共同的且政策性的因素之外，其他劣势更多地表现出地域性的、非政策性的地区、经济社会、文化个别差异。这一方面印证了前面提出的从国家层面营造政策环境的必要性；另一方面也反映出在绿色学校建设过程中，不同地方在政策支撑和操作层面上的差别已经构成了本地绿色学校发展的重要障碍。由此可见，未来在促进绿色学校发展方面，应当特别关注政策建设、课程资源、师资队伍方面的因素。

第五节　推动绿色学校发展的建议

对于中国的绿色学校来说，发扬优势，规避劣势，应当是未来发展的核心命题。而要发扬优势，规避劣势，主要应当在政策制定、理论研究、人员培训、信息交流、专家指导五个方面采取相应行动，从而建立起综合的、有效的绿色学校创建的外部支持系统，这是保证未来的绿色学校创建工作健康发展的关键。

1. 在国家层面上制定、完善和明确绿色学校的相关政策，为绿色学校的发展提供明确的发展方向和良好的后备支持。

研究表明，无论是学校教师或校领导，还是地方绿色学校工作主管，在具体开展绿色学校创建工作的过程中，都将国家层面的政策文件作为重要的参考内容；而地方层面的政策文件，作为因地制宜开展绿色学校创建工作的具体指导措施，其制定和实施亦需要参照国家层面的相关政策文件。因此，国家层面的政策文件是学校开展创建工作的关键依据，是已有绿色学校持续发展的基本起点，也是各级绿色学校主管日常工作的行动指南。但是目前，中国的国家层面上的绿色学校相关政策文件在数量、内容、形式、可得性上还不能满足地方和学校的要求。因此，有关部门应当考虑制定有关规划，逐步建立系统、充分、实用、易得的政策文件体系，将绿色学校的发展纳入有序、稳定、持续的轨道。

2. 在理论上进一步研究、深化对绿色学校和环境教育、可持续发展、新课程改革之间关系的认识，使绿色学校建设有理可查，有据可依。

目前，国际上环境教育和可持续发展教育的发展异常迅猛，国内教育改革的形势日新月异，随之带来的与绿色学校相关的各类理论问题层出不穷，迫切需要理论工作者给予准确、恰当而可靠的回答，才能保证具体实践少出或不出偏差。但是，国内的绿色学校研究工作尚处于起步阶段，在这一领域中的研究人员较少、研究内容不够广泛、研究经费严重不足、研究成果也很难为人所知。这些已经成为阻碍绿色学校工作深入开展的重要因素。因此，有关部门应当有计划、有步骤地组织和依靠专业研究人员，投入适当的经费，系统全面地梳理当前面临的和未来需要解决的重要理论问题，在国家、地方和学校层面上开展适切的、持续性的研究工作，才能为绿色学校的发展打下坚实的基础。

3. 建立系统、长期的绿色学校校长和教师培训体系。这既能消除绿色学校建设过程中的观念迷茫，又能增强教师的环境教育能力，使绿色学校建设的人力资源不致匮乏。

学校中的绿色学校工作能否有效开展，教师（包括校领导）是起着决定作用的因素。教师的观念、热情、兴趣、能力直接影响着绿色学校创建工作的方向和效果。但在实际工作中，不少绿色学校主管、校领导和教师都对目前学校的“绿色”师资情况表示忧虑。研究结果亦表明，师资问题是绿色学校发展的主要内部阻碍因素之一。因此，有必要在现有基础上，制订统一、规范的全国范围的培训计划，对已有的各级各类绿色学校、申报中的绿色学校、有意创建绿色学校的普通学校的相关教师和校领导，运用各种传统或现代的教育技术手段，开展有区别、有层次、有重点、有针对性的培训，才能为绿色学校的未来发展提供可靠的人力资源保障。

4. 加强已有绿色学校之间的信息交流，推广有益经验，消除绿色学校建设过程中“各自为政”的地域影响。

中国的各级绿色学校已有40000多所，其中许多学校具有典型意义。他们的工作经验，经过适当的加工和升华，完全可以成为其他绿色学校和广大普通学校借鉴的有效模式。但是，目前的各级绿色学校既缺乏统整的，也缺乏分类的交流平台。不仅全国范围的绿色学校互相很难沟通和联系，甚至同一地区、同一省市的绿色学校之间，也很少开展对话和交流。不少希望观摩、学习、借鉴他校经验的绿色学校，只能叹息信息闭塞，取经无门。这使得实践中产生的鲜活案例和宝贵素材无法得到及时整理和利用而白白流失，也进一步加剧了绿色学校发展的地域差异。因此，应当一方面在国家、地区、省市等各个层次上建立不同级别的绿色学校的信息收集、整理和交流的中心；另一方面建设统一的无差别的信息发布、传播和互动平台，让不同的绿色学校和广大普通学校能够便利、有效地分享有用的信息财富。

5. 建立一支与学校密切联系的专家队伍，及时、有效、切合实际地对绿色学校建设活动开展个别指导。

绿色学校的创建工作是一项复杂而又崭新的工作。一方面它广泛涉及学校工作的各个方面，错综复杂；另一方面又是在国际国内都方兴未艾的新兴教育领域，理论和实践经验尚不充分。因此，许多学校在创建和发展的过程中，常有“摸着石头过河”，不知道该往哪里走的感觉。研究和实践都表明，学校在创建过程中若能得到对绿色学校有相当认识的环境教育或教育学、环境学专家的适切指导，可以让学校在创建过程中少走弯路，取得事半功倍之效。同时，专家在绿色学校外部支持系统的建设过程中发挥着核心作用，无论是政策制定、理论研究、人员培训还是信息交流，都离不开有关专业人员的参与和支持。因此，有关部门应当在国家和地方层面上巩固和扩大现有的研究人员队伍，形成一定数量的专家库；并从中选取若干人员组成核心专家团队，发挥核心的咨询、研究、培训和指导作用；另外还应从相关领域，如教育、环境、地理、生物、社会等学科中吸收更多专业人员从事绿色学校的相关研究工作，使得专家团队能够具有丰富的背景、广阔的视野和敏锐的触角。只有拥有一支基础广泛、兴趣稳定、视角全面的专家队伍，才能保证绿色学校的外部支持系统的有效运行，从而在不同层面上促进绿色学校创建工作的持续发展。

6. 鼓励民间和社会组织的参与，充分调动和利用社会资源参与绿色学校建设活动。

20 世纪 90 年代，越来越多的民间和社会组织逐渐参与到中国的环境保护事业中来。据推测，目前中国除了国际非政府组织之外，还有数十万在民政部门登录的民间组织和超过 200 万的草根组织在开展活动，其中与环境相关的组织达到 7000 多家。这些组织在倡导环境保护、提高公众环保意识，促进公民参与环保行动，参与和推动环保政策，协助公众环境维权，监督环境政策实施，推动企业环保责任等方面起到了积极推动作用。

绿色学校提倡和重视把真实的社会环境作为环境教育的资源。把环境作为教育的资源是“通过环境的教育”所提倡的，而学生接触的最直接的环境就是自己的学校和自己的居住地。“……对于儿童来说，最好的也是最全面地进行环境教育的资源就是他们的学校、他们的建筑物和他们的操场。还有什么比校园开展环境研究更好的地方呢？”在世界各国，提供这类资源的机构是多种多样的。中国类型多样的环境教育基地便为绿色学校活动的扩展提供了丰富的资源。它们可以为绿色学校提供体验学习的基本场域，与课堂教学共同形成有意义的学习，促进绿色学校形成传播生态文明的重要源地。这些民间和社会组织实际上也是绿色学校建设的重要资源，应当得到充分地开发利用。

绿色学校从来就是与社会相互开放，相互支撑的系统。社会与学校本来就是相互依赖，相互支持的，而传统的教育观把学校看作是相对独立和隔绝于社会环境的部分，学校成为对社会封闭的“象牙塔”。这实际上夺走了学校保持生机的“氧气”。社会的支持、帮助和监督对学校环境教育的实施起着重要的作用，而学校的活动也对社会的进步、发展和完善起到推动作用。例如，企业与绿色学校联结，一方面无疑为绿色学校提供了场域和资金的支援；另一方面也为企业实现自我的环境责任提供了平台和渠道。现代教育越来越把学校看作是社区的一部分，应当为社区提供服务，对社区的环境负责；而社区也应当成为学校开展环境教育的资源。可持续发展要求开放性，现代教育要求开放性。体现可持续发展和现代教育观念的绿色学校，应当是一个开放性的系统。因此，应当鼓励民间和社会组织的参与，充分调动和利用社会资源参与绿色学校的建设活动。

结语

幼儿与青少年是未来的主人、未来美好环境的拥有者和使用者。将来，他们会走向工作岗位，他们可能成为政策制定者、企业管理者或者公众人士，他们从小受到的环境教育会影响他们做的每一个决定，这些决定左右着世界的发展方向。因此，培养环境意识，提高环境素养，促进青少年参与推进实现可持续发展目标将是成功达成目标的关键。

绿色学校是幼儿与青少年广泛参与环境保护和生态文明建设的平台，是培养具有环境意识、全球视野、促进可持续发展能力的未来人才的摇篮，也必将成为我国生态文明宣传教育的范例和重要渠道，也必将对全球可持续发展做出应有的贡献！

附录：校园环境检查表

序号	原材料
1	您（单位□、部门□、个人□）是否首选购买少包装或无包装产品？是否有可能购买大包装产品（如清洗剂、纸巾、去污剂、粉笔、纸张）？
2	您（单位□、部门□、个人□）考虑过购买浓缩品而不是购买配置好的溶液的可能性吗（如清洗剂）？
3	您（单位□、部门□、个人□）是否避免购买和使用一次性产品及一次性包装?
4	您（单位□、部门□、个人□）是否检验过所有的包装，找出可回收使用的包装替代一次性包装（如清洗剂、鱼肉包装）？
5	您（单位□、部门□、个人□）是否检验过回收织物、纸张、纸板、钢铁、铝和玻璃的可行性（用不同的颜色区分）？
6	您（单位□、部门□、个人□）是否避免在废纸篓中使用塑料袋?
7	您(单位□、部门□、个人□)能否将不能再回收利用的废物(旧电池、日光灯、残余的涂料、木材防腐油、残余的农药等）在一个有顶棚和为保护地下水而设的特殊隔离层的地点单独处理?
8	您（单位□、部门□、个人□）知道纸张的月消耗量和支出吗?
9	您（单位□、部门□、个人□）是否购买使用可再生纸张?
10	您（单位□、部门□、个人□）是否保证您（单位□、部门□、个人□）能对纸张充分重复利用?
11	您(单位□、部门□、个人□)有多少份复印印刷的材料没有最终发挥作用?
12	您（单位□、部门□、个人□）是否采用双面复印等?
13	您（单位□、部门□、个人□）知道卫生用品的月消耗量和支出吗?
14	您（单位□、部门□、个人□）知道文具的月消耗量和支出吗?
15	您（单位□、部门□、个人□）知道粉笔的月消耗量和支出吗?
16	您（单位□、部门□、个人□）知道电脑耗材的月消耗量和支出吗?

（续表）

17	您（单位□、部门□、个人□）是否仅购买对环境无害的清洁产品?
18	您（单位□、部门□、个人□）是否在所有卫生间中都设有垃圾箱和卫生袋?
	能源
19	您（单位□、部门□、个人□）是否已经为您（单位□、部门□、个人□）的车更换了无铅汽油?
20	您（单位□、部门□、个人□）是否知道您（单位□、部门□、个人□）电的月消耗量和支出?
21	您（单位□、部门□、个人□）是否及时关闭不在使用的电脑和多媒体设备，且不在待机状态?
22	您（单位□、部门□、个人□）是否及时关闭不在使用的电视机，且不在待机状态?
23	您（单位□、部门□、个人□）是否及时关闭不在使用的电灯、电风扇?
24	您（单位□、部门□、个人□）是否及时关闭不在使用的空调?
25	您（单位□、部门□、个人□）是否做到人少时减量使用电灯、电风扇?
26	您（单位□、部门□、个人□）是否及时关闭不在使用的复印机、一体机等，且不在待机状态?
27	您（单位□、部门□、个人□）的厕所里能不使用电烘手机吗?
28	您（单位□、部门□、个人□）是否已在使用节能灯?
29	您（单位□、部门□、个人□）的照明设备、冰箱、冷冻柜、空调、电脑等是否分别装置电表或闸口方便监控和减少浪费?
30	您（单位□、部门□、个人□）是否检查过窗子的隔热性能以避免在冬天散失热量，在夏日隔绝日光（如安置窗帘、百叶）?
31	您（单位□、部门□、个人□）是否使用节能供电供热装置?
32	您（单位□、部门□、个人□）是否根据衣物脏的轻重程度来区分调节清洗时的温度?不必要将温度调到 90℃，一般情况下 60℃即可。

（续表）

33	您（单位□、部门□、个人□）是否已经验证过将洗衣机和热水供应中心相连的可能性，以避免通过电能加热水？
34	如果需要使用洗衣机的甩干机，您（单位□、部门□、个人□）是否被规定使用最高转速？
35	您（单位□、部门□、个人□）是否尝试过可以将衣物自然风干而非通过洗衣机的甩干机甩干？
36	您（单位□、部门□、个人□）是否在走廊和其他不被频繁使用的地点安置一套自动照明控制系统？
37	您（单位□、部门□、个人□）的自动餐饮售货机的能量输入是否由定时自动开关调节？
38	您（单位□、部门□、个人□）的自动餐饮售货机是否被放在没有直接热辐射的地方？
39	您（单位□、部门□、个人□）是否确定自动餐饮售货机的冷却温度被随时调节？
40	为避免制冷系统和空调不必要的逐渐变热，您（单位□、部门□、个人□）将冷水管道充分隔热保温了吗？
41	为防止损耗和安全，绝缘不好的电线，您（单位□、部门□、个人□）是否已经进行正确绝缘？
42	为防止损耗，您（单位□、部门□、个人□）是否已经正确连接所有电线的连接部位？
43	您（单位□、部门□、个人□）是否定期检查所有的电缆和保护设施的保险丝等完全绝缘？
44	您（单位□、部门□、个人□）是否检验过购买带反射光栅的日光灯（购买塑料底座、白色反射镜或灯罩的日光灯并不可取，会减少光输出）？
45	您（单位□、部门□、个人□）是否检验过购买带继电器开关的荧光灯的必要性？

（续表）

46	您（单位□、部门□、个人□）是否将电路恰当分割，由各分区分别控制某一部分区域而非全部?
47	您（单位□、部门□、个人□）的办公设备（打印机、电脑、监视器、复印机）是否节能?
48	您（单位□、部门□、个人□）是否已形成随手关灯或人少时减灯的习惯吗?
49	您（单位□、部门□、个人□）能在接受教育后，自觉形成随手关灯或人少时减灯的习惯吗?
50	您（单位□、部门□、个人□）是否规定师生员工只有在脏衣物量满时才使用洗衣机?
51	您（单位□、部门□、个人□）是否在第一清洗阶段只清洗很脏的衣物?
52	您（单位□、部门□、个人□）是否知道煤的月消耗量和支出?
53	您（单位□、部门□、个人□）是否知道油的月消耗量和支出?
54	您（单位□、部门□、个人□）是否知道燃气的月消耗量和支出?
55	如果使用气炉，您（单位□、部门□、个人□）是否选择电点火的气炉而非耐久火焰引燃的气炉?
56	您（单位□、部门□、个人□）的供暖设备是否分地段设置开关?
57	您（单位□、部门□、个人□）的供气设备是否分地段设置开关?
58	您（单位□、部门□、个人□）是否在使用供热和制冷设备时，恰当地调节室温（如将空调设定为恰当的温度，在使用空调时做到制冷不低于26℃，制热不高于20℃）?
59	您（单位□、部门□、个人□）能做到及时修剪室外的树木，保证室内采光吗?
60	您（单位□、部门□、个人□）的用电、供气、供煤、供油等有专人负责记录，计算用量并及时发现问题吗?
61	您（单位□、部门□、个人□）的用电、供气、供热装置能有专人负责检查，及时发现问题及时修理并有记载吗?
62	您（单位□、部门□、个人□）是否将冷热水管恰当标示?

（续表）

63	您（单位□、部门□、个人□）是否规定员工要及时适当地调节室内采光（如冷天打开窗帘，热天关闭窗帘）？
64	您（单位□、部门□、个人□）是否根据每天的实际需要启动热水锅炉？
65	您（单位□、部门□、个人□）是否具备适合的（教室 20℃，楼道 15℃）供热系统和控制室温的恒温器？
66	您（单位□、部门□、个人□）是否通过关门、修窗和提供有效的通风装置以节约供热能源？
67	您（单位□、部门□、个人□）是否考虑过在门窗上安装触点开关，门窗打开后将自动关闭？
68	您（单位□、部门□、个人□）是否将通过节约能源达到的或能够达到的成效告知师生员工（如全年或每人每年消耗能源的减少量）？
69	您（单位□、部门□、个人□）是否尝试过使用气炉，它比电炉更节能？
70	您（单位□、部门□、个人□）是否设置了利用太阳能或者其他环保能源的设备？
71	您（单位□、部门□、个人□）是否利用电力公司提供的最优分时段电价（非高峰电价总是比高峰电价便宜很多）？
72	您（单位□、部门□、个人□）是否考虑过，将墙和天花板涂成浅色以改善自然光的散射？
73	为降低工作间的温度，您（单位□、部门□、个人□）是否安装窗户或其他墙上的开口增加自然通风，清除不必要的隔断墙？
74	为避免能源损失，您（单位□、部门□、个人□）检查过热水管道是否充分隔热保温吗？
75	您（单位□、部门□、个人□）是否制订了电气设备的维护计划，其中包括维护的频率和责任人，并规定定期对泄漏情况进行检修和按程序进行必要的清洁和修理？
76	您（单位□、部门□、个人□）的电气设备符合实际的能量需求吗？

（续表）

77	您（单位□、部门□、个人□）是否检验过您（单位□、部门□、个人□）的热水容器是否过大?
78	您（单位□、部门□、个人□）是否确保热水循环泵仅在需要时开启（如早晚）?
79	您（单位□、部门□、个人□）所在的学校的热水能源是否最划算且热散发量最低（如煤气比民用燃料油或煤的热散发量低）?
80	您(单位□、部门□、个人□)是否设法确保将热水的最高温度限制在50℃(摄氏度需要使用专用符号）?
81	当购买车、机器和装备时，您（单位□、部门□、个人□）是否重视它的能源效率（如锅炉、剪草机等）?
82	您（单位□、部门□、个人□）检查过您（单位□、部门□、个人□）的电气设备是否有十年以上的历史?是否应该用效率更高的设备将其代替?
83	您（单位□、部门□、个人□）的维护程序是否包括定期检查燃料发动机的散热情况，以控制其功率（如供热系统、车等）?
84	您（单位□、部门□、个人□）是否定期检验您（单位□、部门□、个人□）车中的催化器装置，并适当维护发动机、汽车排挡和车轴?
85	您（单位□、部门□、个人□）是否使用软水设备以避免水垢导致增加热水器的能源消耗?
	水
86	您（单位□、部门□、个人□）知道每月的耗水量及支出吗?
87	您（单位□、部门□、个人□）是否考虑对食堂废水进行有效处理?
88	您（单位□、部门□、个人□）是否定期检查辖区的废水排放系统?
89	您(单位□、部门□、个人□)是否在厨房的下水系统中安置了油脂分离器?
90	您（单位□、部门□、个人□）是否规定您（单位□、部门□、个人□）的厨房员工不要将油脂和厨余倒入下水道?
91	如果具备公共下水道系统和水处理设备，您（单位□、部门□、个人□）是否考虑过将学校和公共下水道系统相连的可能性?

（续表）

92	如果没有公共的水处理设备，您（单位□、部门□、个人□）是否考虑过，将废水在学校内部进行处理（如使用三级渗水坑、细砾油脂分离器及生物净化）？
93	您（单位□、部门□、个人□）是否设法减少饮用水的消耗?
94	您（单位□、部门□、个人□）是否告诉学生和教职员工节约用水的好处?
95	您（单位□、部门□、个人□）是否规定教职员工和学生节约用水（如在刷牙、洗澡、洗手、冲厕时）？
96	您（单位□、部门□、个人□）是否在所有水龙头上安装了莲蓬头和价廉物美的节水器?
97	您（单位□、部门□、个人□）是否在所有厕所都采取了减少耗水量的措施（如安装停水按钮，在冲洗槽中放置砖块、瓶子等）？
98	您（单位□、部门□、个人□）是否鼓励教职员工和学生提出节水建议?
99	您（单位□、部门□、个人□）是否告诉教职员工和学生在节水方面的做法和可以得到的效益（如将年用水量清单发给学生，使用节水器和停水按钮等）？
100	您（单位□、部门□、个人□）是否鼓励学生向家长及社区宣传节约用水?
101	您（单位□、部门□、个人□）是否检查过所有漏水根源?
102	您（单位□、部门□、个人□）使用节水龙头了吗?
103	您（单位□、部门□、个人□）是否关闭了所有的水龙头?
104	您（单位□、部门□、个人□）将不必要的水龙头封闭或拆除了吗?
105	为减少渗漏，您（单位□、部门□、个人□）定期对所有水管进行检查吗?
106	您（单位□、部门□、个人□）更换水管上已损坏的密封垫圈了吗?
107	您（单位□、部门□、个人□）是否制定了供水系统定期维修计划，包括定期检查水管系统是否漏水、水管结锈情况，责任人是否定期清洗、修理?
108	为监督和优化用水，您（单位□、部门□、个人□）是否考虑过在高耗水区域（如厨房、池塘、洗澡洗衣间）安装水表?

（续表）

109	您（单位□、部门□、个人□）是否考虑过在厕所安装小的水箱或停水按钮及使用说明？
110	您（单位□、部门□、个人□）是否检验过安装自动节水装置的效果（如洗漱池的光电传感器，便池里的自动抽水马桶，洗澡间的定时自动淋浴开关）？
111	您（单位□、部门□、个人□）是否考虑过在室外泳池安装一个顶篷，避免杂质进入池中，同时减少水量蒸发？
112	您（单位□、部门□、个人□）的自动冲洗的厕所，在晚上、节假日无人用时阀门是否关闭？
113	您（单位□、部门□、个人□）在洗手池旁是否有关于“节约用水”或者“请随手关水龙头”等标语？
114	您（单位□、部门□、个人□）是否有雨水回收利用系统？
115	您（单位□、部门□、个人□）是否已建立中水再利用系统？
116	您（单位□、部门□、个人□）是否考虑收集雨水，并将其用于冲洗厕所、浇灌树林？
	垃圾
117	您（单位□、部门□、个人□）知道每个月产生垃圾的种类和数量吗？
118	您（单位□、部门□、个人□）知道每个月的垃圾处理成本吗？
119	您（单位□、部门□、个人□）知道并计算过垃圾回收所产生的经济效益吗？
120	您（单位□、部门□、个人□）是否已经建立了垃圾分类体系？
121	您（单位□、部门□、个人□）是否设法保证师生进行垃圾分类投放的每种垃圾桶足够多和足够大，方便教职员工分类收集（如玻璃、罐子、塑料、有机废物、电池）？
122	您（单位□、部门□、个人□）是否为您（单位□、部门□、个人□）的教职员工提供了合适的装备，以减少从教室到垃圾收集中心站运送分类垃圾的工作量（如附带多个垃圾桶的手推车）？

（续表）

123	您（单位□、部门□、个人□）是否已经将各个垃圾桶根据它们回收后的用途进行统一标识（通过彩色标记、标签和显著的记号）？
124	您（单位□、部门□、个人□）是否分类收集有害垃圾（如化学制品）并确保它们将通过环保的方法进行处理?
125	您（单位□、部门□、个人□）是否有人定期监督检查垃圾分类情况?
126	您（单位□、部门□、个人□）是否设法确保师生员工对垃圾分类系统及其优点有所了解?
127	您（单位□、部门□、个人□）是否给师生员工分析了垃圾分类的可能性及其目的和成效?
128	您（单位□、部门□、个人□）是否鼓励师生员工对改善垃圾分类体系提出建议?
129	您（单位□、部门□、个人□）是否鼓励学生向家长宣传垃圾分类和收集的好处?
130	您（单位□、部门□、个人□）是否定期向师生员工和家长进行垃圾分类和收集方面的宣传?
131	您（单位□、部门□、个人□）是否尝试过垃圾减量化的可行性?
132	您（单位□、部门□、个人□）是否考虑过购买一台分类垃圾压力机?
133	您（单位□、部门□、个人□）是否设法保证员工定期接受制作堆制肥料的培训?
134	您（单位□、部门□、个人□）是否给员工提供合适的工具（如果花园较大，一部切草机可以帮您剪枝并处理一些难处理的花园垃圾），自己将花园垃圾做成混合肥或将其出售给垃圾回收公司?
	噪声
135	您（单位□、部门□、个人□）是否保证师生员工办公学习安静，避免周围或者学校内建设和维修的噪声影响?
136	您（单位□、部门□、个人□）是否避免了噪声污染?

（续表）

137	您（单位□、部门□、个人□）是否制定了安静时间（如下午一点到三点）？
138	如果校园周围有噪声污染源时，您（单位□、部门□、个人□）是否采取防护措施（如安装隔音板等）？
	危险品
139	您（单位□、部门□、个人□）是否谨慎处理危险物品？
140	您（单位□、部门□、个人□）是否做到让有害物质远离学生？
141	您（单位□、部门□、个人□）是否设法确保装有危险物品的容器不会倾倒？
142	您（单位□、部门□、个人□）的危险物品的容器是否都被标示（最好配有安全指示和附加的警告标志，如火焰的标志代表易燃物，骷髅和十字骨架代表有毒物质，耶稣十字架代表有害或有刺激性物质）？
143	您（单位□、部门□、个人□）的师生员工是否经过处理危险物品的培训（如消毒剂和杀虫剂的使用）？
144	您（单位□、部门□、个人□）是否已经告知师生员工哪些是可能对环境和健康造成危害的材料（如高浓度消毒剂）？
145	您（单位□、部门□、个人□）的有害物质的储存是否以保证师生员工的安全为前提？
146	您（单位□、部门□、个人□）是否鼓励员工提出有助于减少原料消耗、环境污染和健康威胁的改良建议？
147	您（单位□、部门□、个人□）是否尝试过将硼酸盐（如杀菌剂）注入户外的林中？
148	您（单位□、部门□、个人□）是否将待洗衣物按照脏的程度分开以节省洗涤粉和清洗剂？
149	您（单位□、部门□、个人□）是否使用量杯以避免过量使用洗涤粉或清洗剂？
150	您（单位□、部门□、个人□）是否已经规定职员不要过量使用清洁剂等，并采用实际需用量而非厂商的推荐量？

（续表）

151	您（单位□、部门□、个人□）可曾检验过通过减少清洁剂等的用量，并采用实际需用量而非厂商的推荐量亦可以达到满意的清洁效果？
152	在洗碗处、洗衣处和清洁剂等放置处附近的显著位置，您（单位□、部门□、个人□）是否张贴有清晰的用量说明？
153	您（单位□、部门□、个人□）是否了解当地的水的硬度，用以确定清洗剂等的恰当用量？
154	您（单位□、部门□、个人□）是否分析过在洗碗中使用合成洗涤剂的可能性？（试试，是否可以使用碱性洗涤剂，必要的话，根据水的硬度加适量水软化剂）
155	您（单位□、部门□、个人□）知道清洗剂、洗衣粉的月消耗量和支出吗？
156	如果需要使用去污剂，您（单位□、部门□、个人□）是否尝试过可以不用化学去污剂的其他迅速除垢方法（如盐或纯碱可除红葡萄酒的污渍；柠檬酸可除果汁的污渍；五倍子肥皂可除油渍）？
157	您（单位□、部门□、个人□）是否试图减少清洗剂和其他有害环境的产品的使用，而用可生物降解（不含氯和乙二胺四醋酸、磷酸盐、氯或氧化氯等）的产品替代。例如，如果需要重度消毒，可用60℃—70℃的热水加入纯碱？（摄氏度需要使用专用符号）
158	您（单位□、部门□、个人□）是否回避使用含溶剂的材料（如胶水）？
159	您（单位□、部门□、个人□）是否使用的涂料等建筑材料是否符合环保要求（使用水性涂料而非有机溶剂涂料）？
160	您（单位□、部门□、个人□）知道化学品的月消耗成本吗？
161	您（单位□、部门□、个人□）是否在某些实验中已经检验过使用更安全的物质取代化学制品的可能性？
162	您（单位□、部门□、个人□）是否已经考虑用替代的试验材料代替需使用危险化学制品的实验？
163	您（单位□、部门□、个人□）是否尝试过使用蒸汽清洗对流烘箱的外壳，避免使用专用清洗剂？

（续表）

164	您（单位□、部门□、个人□）鼓励员工提出有助于减少化学制品消耗、环境污染和健康威胁的改良建议了吗？
165	您（单位□、部门□、个人□）是否检验过安装软水设备的可行性（如树脂过滤器），以减少使用洗涤粉和清洗剂？
166	您（单位□、部门□、个人□）能否使用无害环境的产品和方法来避免或减少使用化学制品？
167	您（单位□、部门□、个人□）是否尝试过通过使用生物肥料（如用您（单位□、部门□、个人□）自己的设备制造混合肥料）以减少使用化学肥料和土壤改良剂？
168	您（单位□、部门□、个人□）是否尝试过用这样的方法设计花园以避免使用杀虫剂、化合肥，如避免种植吸引害虫的植物，选择适应当地环境的植物，为动物们建造生态的生物多样性丰富的栖息环境，亦可以减少虫害？
169	您（单位□、部门□、个人□）是否用高压水而非杀虫剂来清洗草坪以清除杂草和藻类？
170	您（单位□、部门□、个人□）是否可以完全用生物农药（如果可能可以自制）取代化学农药？
171	您（单位□、部门□、个人□）是否采用其他方法代替干洗？
172	接受洗衣房的服务前，您（单位□、部门□、个人□）是否证实其清洗过程按照清洗细则（如禁用磷酸盐、氯或氧化氯、织物柔软剂、四氯乙烯等）进行？
173	您（单位□、部门□、个人□）能否避免使用杀虫剂？
174	您（单位□、部门□、个人□）能否完全使用热水、蒸汽、清洁泡沫来清洗地毯？
175	您（单位□、部门□、个人□）在清理下水道时是否避免使用具有腐蚀性的清洁剂和化学制品，而使用吸罩或蛇形管取代？
176	您（单位□、部门□、个人□）是否避免在厕所和便器中使用除臭剂？
177	您（单位□、部门□、个人□）是否尝试用热空气消灭木材害虫？

（续表）

	绿化
178	您（单位□、部门□、个人□）的绿化率是否达到36%以上？达到百分之几？
179	您（单位□、部门□、个人□）的绿化是否考虑植物多样性？种植花草树木是否考虑能四季有绿？
180	您（单位□、部门□、个人□）是否考虑利用墙壁种植攀爬类植物如爬山虎、常春藤？
181	您（单位□、部门□、个人□）是否为校园里的花草树木挂个标签，以便于学生对植物的认识？
182	您（单位□、部门□、个人□）是否保证在早晚灌溉花园绿地而非在日光强烈时，以免因蒸发导致浪费？
183	您（单位□、部门□、个人□）是否检验过在维护操场和花园绿地方面节水的可能性？
184	您（单位□、部门□、个人□）是否检验过多种树以发挥遮阳效果的可能性，以此减少蒸发，促进小气候循环？
185	您（单位□、部门□、个人□）是否检验过通过使用专门的洒水系统（如滴水灌溉、在植物周围挖坑）来避免蒸发失水的可行性？
186	您（单位□、部门□、个人□）是否尝试过用井水向花园绿地供水的可行性？
	安全与健康
187	您（单位□、部门□、个人□）是否已经使用危害性较小的产品和方法来替代有害物质？
188	您（单位□、部门□、个人□）是否告诫员工没有防护装备保护可能造成的健康危险（如在使用农药时）？
189	您（单位□、部门□、个人□）是否定期更换个人防护装备？
190	您（单位□、部门□、个人□）的主管部门是否密切关注危险品防护设施的使用情况？
191	您（单位□、部门□、个人□）是否定期检查危险品防护设施的安全性？

（续表）

192	在有害物质（杀虫剂、木材防腐剂）的环境中工作时，您（单位□、部门□、个人□）的师生员工是否使用防护装备（如手套、口罩）?
193	在有害化学制品的存放处，您（单位□、部门□、个人□）是否张贴有注明预防和防护方法的警告标志?
194	您（单位□、部门□、个人□）采取了充分的事故预防措施了吗?
195	您（单位□、部门□、个人□）是否配备了急救箱？是否定期（比如按月）补给或更换急救箱?
196	您（单位□、部门□、个人□）每个房间的电话机上是否明显地标明了急救电话和消防电话号码?
197	您（单位□、部门□、个人□）所有的师生员工是否都已接受如何应对事故的训练?
198	您（单位□、部门□、个人□）采取了充分的火灾预防措施了吗?
199	您（单位□、部门□、个人□）是否具备足够数量的灭火器和灭火毯?
200	您（单位□、部门□、个人□）是否定期检查（比如每一到两年检查一次）灭火器的功能并定期补足?
201	您（单位□、部门□、个人□）所有师生员工是否都知道灭火器的放置位置和使用方法?
202	您（单位□、部门□、个人□）是否设法保证师生员工都了解如何应对火灾?
203	您（单位□、部门□、个人□）紧急出口是否标有明显标识并且保持畅通?
204	您（单位□、部门□、个人□）是否用不含氟哌丁苯的灭火器取代氟哌丁苯灭火器?
205	您（单位□、部门□、个人□）设施（特别是体育设施和走廊扶护栏杆）是否有安全隐患？学校是否有专人负责检查维修?
206	您（单位□、部门□、个人□）如有池塘，其深浅及周边栏杆设施是否保证避免学生滑落?

（续表）

207	您（单位□、部门□、个人□）是否每学期均对师生进行安全知识教育?
208	您（单位□、部门□、个人□）的用车，是否保证车辆规范并不超载运行?
	设备的维护与保养
209	您（单位□、部门□、个人□）是否已经采用适当的材料对设备进行了所有必要的修理?
210	您（单位□、部门□、个人□）是否具备一张标明所有装备的位置、性能和维修时间表的清单或地图?
211	您（单位□、部门□、个人□）是否在方便的地点保存了厂商提供的维修手册?
212	您（单位□、部门□、个人□）是否开设定期的员工培训以保证维修手册中的规则得以落实?
213	您（单位□、部门□、个人□）检查过树脂过滤器的反冲洗是否正确吗（如果不加氯化钠而直接用水反冲洗，树脂将不可再循环利用）?
214	您（单位□、部门□、个人□）是否使用软水设备以避免因水垢而频繁修理设备?
215	您（单位□、部门□、个人□）定期（比如每月）对所有管道和机器的泄漏情况作外观（目测）检查吗?
216	您（单位□、部门□、个人□）是否已经将老化的密封垫换掉?
217	您（单位□、部门□、个人□）是否有专门的电教设备维修人员? 是否定期检查维修? 并有记载?
218	您（单位□、部门□、个人□）食堂厨房及就餐处是否保持地面整洁，而避免师生员工滑倒?
219	您（单位□、部门□、个人□）对学校运动场和体育设施有否定期检查并有维修计划?
220	您（单位□、部门□、个人□）是否已经培训员工怎样使用（何时、何地使用）防护装备和如何对其进行维护保养?

（续表）

221	您（单位□、部门□、个人□）的防护装备是否被存放在一个干净且干燥安全地点，以延长其使用寿命?
222	您（单位□、部门□、个人□）是否有一份设备维护进度表，其中包括定期维修时所必须明确的修理责任、修理周期，须遵守的修理程序和定期对教职员工的培训，对实施情况进行监督检查，以确保维护规则能够被遵守?
	仓储与保管
223	收到供货商送货时，您（单位□、部门□、个人□）是否检查包装的损坏状况，以确保材料安全无损?
224	您（单位□、部门□、个人□）是否保证材料包装在存储过程中没有损坏?
225	您（单位□、部门□、个人□）是否确定所有的材料都已进行分类存放（根据材料的性能或其用法）?
226	您（单位□、部门□、个人□）是否确保定期检查和清洗存储区域以防止材料被污染?
227	您（单位□、部门□、个人□）是否避免不必要的过量库存?
228	您（单位□、部门□、个人□）是否规定教职工本着“先入先出”的原则提取库存材料?
229	您（单位□、部门□、个人□）是否确保对那些有可能造成水污染的物质（如具有腐蚀性的清洁剂）采取一些恰当的存储方法（如使用溢出物集流坑），以避免意外渗漏或溢出物不会进入土壤或下水道系统?
230	您（单位□、部门□、个人□）的办公材料是否按计划购买?有专门记载吗?
231	您（单位□、部门□、个人□）是否要求您（单位□、部门□、个人□）的教职员工定期根据湿度、亮度、虫蛀霉菌情况、温度（设置廉价的报警装置，在储藏室温度上升时发出警报）检查和记录易损货物是否存放妥当?
232	为防止引进过期存放的原料，您（单位□、部门□、个人□）检查所有未加工材料的保质期了吗?
233	您（单位□、部门□、个人□）是否确保将所有的物品贴上标签，以防止员工误解?

（续表）

234	您（单位□、部门□、个人□）是否规定您（单位□、部门□、个人□）的教职员工避免重复使用测量用具（如勺、量杯、量筒），以避免污染储存物?
235	您（单位□、部门□、个人□）的容器的盖子是否在每次取料后盖紧，避免泄漏或蒸发?
236	您(单位□、部门□、个人□)是否将有害物质(如清洗剂、杀虫剂)妥善保存，并与食品隔离?
	食堂
237	您（单位□、部门□、个人□）是否规定您（单位□、部门□、个人□）的员工仅在装满餐具时启动洗碗机?
238	您（单位□、部门□、个人□）是否使用电压气锅，它可以根据所煮的食品确定热气和蒸汽最适宜的混合比例?
239	您（单位□、部门□、个人□）是否规定您（单位□、部门□、个人□）的员工不能用水解冻食品?
240	您（单位□、部门□、个人□）是否规定您（单位□、部门□、个人□）的员工尽量减低烤箱的预热时间?
241	您（单位□、部门□、个人□）是否定期检查门和封板的密封性，给冰箱和冷冻箱除霜并定期清洗冷凝器和散热器（在切断电源之后）?
242	您（单位□、部门□、个人□）是否使用感应烤箱?
243	您（单位□、部门□、个人□）所使用的冰箱和冷冻柜中的食品是否可以根据使用频率（长期和短期存储）放在不同的隔间里?
244	您（单位□、部门□、个人□）是否使用传感电炉，它可以在壶或盘被移开后立即自动关闭烤盘的电源?
245	您（单位□、部门□、个人□）是否有可能尽量减少冰箱和冷冻柜开门的持续时间?
246	您（单位□、部门□、个人□）是否验证过回收油脂和厨余的可行性（如用于制作工业原料和饲料）?

（续表）

247	您（单位□、部门□、个人□）是否考虑过将脏纸（如餐巾、纸巾）和有机垃圾（肉和厨房剩余物）做成混合肥或饲料?
248	您（单位□、部门□、个人□）食堂每天所用的粮食、荤素菜是否有专人负责，保证质量标准?
249	您（单位□、部门□、个人□）食堂每天用餐的菜是否有生菜留样，以便检查?
250	您（单位□、部门□、个人□）是否使用具备独立的、镀铬的加热盘的烤架，加热盘可以分别进行调整，且便于在烹饪时减少食用油脂?
251	您（单位□、部门□、个人□）是否考虑过用天然制品（如糙米、全麦、冷压油）代替加工产品，用新鲜的未经加工的产品代替方便产品（蔬菜、土豆等）?
252	您（单位□、部门□、个人□）是否检验过食用生态食品的可能性?
253	您（单位□、部门□、个人□）每天都食用蔬菜吗?
254	您（单位□、部门□、个人□）是否考虑过根据区域的季节性产品调整您（单位□、部门□、个人□）的饮食?
255	您（单位□、部门□、个人□）是否尝试过选择本地生产和加工的食品（包括饮品），避免经长途运输的食品?
256	您（单位□、部门□、个人□）是否告诉您（单位□、部门□、个人□）的学生（如在菜单和公告板上）选择生态的或本地生产的食品?
257	您（单位□、部门□、个人□）是否促进生态的或本地生产的食品的销售，不仅只通过把这些食品纳入菜谱，还需将它们出售给学生（如果汁、咖啡、茶、水果等）?
258	您（单位□、部门□、个人□）是否要求您（单位□、部门□、个人□）的员工尽量少打开冷藏设备的门，并且已经将有关提示标示在冷藏设备的门上了?
259	您（单位□、部门□、个人□）的冰箱和冷冻柜是否被放在没有直接热辐射的地方（如电炉、暖气和阳光）?
260	您（单位□、部门□、个人□）是否确保冷凝器和散热器充分通风，而且电机没有直接接触到墙?

（续表）

261	您（单位□、部门□、个人□）是否采取措施将冰箱和冷冻柜的制冷面积最小化，以便在仓储不需要时能关闭单一制冷单元？
262	您（单位□、部门□、个人□）是否确保冷却温度总是被适当调节（饮料需在平均10℃以下保质，食品需在平均8℃以下保质，冷冻食品需在平均−18℃以下保质）？
263	您（单位□、部门□、个人□）是否检验过取出冷冻柜中的塑料板或玻璃板以改善冷空气循环的可能性？
264	您（单位□、部门□、个人□）是否已经规定员工在冷冻之前要除去多余的包装？
265	您（单位□、部门□、个人□）是否已经规定您（单位□、部门□、个人□）的员工在将热的物件放到冰箱、冷冻柜里之前要先将其冷却？
266	您（单位□、部门□、个人□）是否确保粉状物质被存放在木制容器或塑料集装箱中以免地面潮气渗透包装，污染所容之物？
267	您（单位□、部门□、个人□）是否定期检查、保养仓储区是否清洁，以免对未加工产品造成污染？
268	您（单位□、部门□、个人□）是否在餐厅和厨房设立了无烟区？
269	您（单位□、部门□、个人□）的厨房是否充分通风？
270	您（单位□、部门□、个人□）是否已尝试过用环保替代物替代喷雾剂、冷冻柜、空调和制冷系统中的氟氯化碳？
271	您（单位□、部门□、个人□）是否在建筑房屋内回避使用含五氯酚的木材防腐涂料？
272	您（单位□、部门□、个人□）是否定期检查辖区的废气排放系统？
273	如果空间允许，您（单位□、部门□、个人□）是否考虑过在院内种植乔木和灌木，以形成自然的树荫并过滤空气中的灰尘？

（续表）

	环境宣传与教育
274	您（单位□、部门□、个人□）是否向师生宣传节约用纸?
275	您（单位□、部门□、个人□）是否有利用废品制作景点或雕塑?
276	您（单位□、部门□、个人□）是否曾想过组织一个出售可循环利用物品（如二手课本）的活动?
277	您（单位□、部门□、个人□）是否有专门的关于环境与可持续发展教育的宣传栏?
278	您（单位□、部门□、个人□）是否每年举办校园环保节?
279	您（单位□、部门□、个人□）是否建立了校园植物园地或者小动物饲养场?
280	您（单位□、部门□、个人□）是否考虑过建立校院花园（种植蔬菜、水果和草本植物），以教育孩子们和环境和谐相处?

参考文献

中文部分

[1] 国家环境保护总局宣传教育中心．中国绿色学校风采辑 [M]. 北京：中国林业出版社，2004.（10–23）.

[2] 周迅．教育改革背景下中小学学校管理中的学生参与 [J]. 当代教育理论与实践，2012，4（7）：4–6.

[3] 梁步青，黄宇．可持续发展教育的实践——一所香港小学的经验 [J]. 环境教育，2002（05）：13–14.

[4] 张迎霞，李景奇．台湾永续校园"“深坑国小”"对大陆发展可持续校园的启示 [J]. 2016 第六届艾景奖国际园林景观规划设计大会论文集：157–162.

[5] [日] 绿色学校调查研究协作者会议．《绿色学校的现状和今后的完善与推进》报告书 [R]，2002.

[6] [日] 文部省编．我国文教施策 [M]. 大藏省印刷局，1998：558–560.

[7] 弘扬霞客精神 实践绿色教育——江苏省江阴市徐霞客中学绿色学校建设纪实 [J]. 绿色视野，2007（09）：15–17.

[8] 黄宇．国际环境教育的发展与中国的绿色学校 [J]. 北京：比较教育研究，2003（01）：23–27.

[9] 曾红鹰．环境教育思想的新发展——欧洲"生态学校"（绿色学校）

计划的发展概况 [J]. 北京：环境教育，1999（04）：12-16.

[10] 刘继和 . 日本绿色学校的基本理念和推进策略 [J]. 沈阳师范大学学报（自然科学版），2003（03）：227-231.

[11] 祝怀新 . 绿色学校创建与环境教育探索: 理论与哲学背景 [J]. 京: 环境教育，2002（01）：7-10.

[12] 屈瑛 . 办生态学校，育生态新人 [J]. 中国教师，2014（02）：67-69.

[13] 谢勇 . 新疆“绿色学校”创建与中小学环境教育 [J]. 环境教育，2004（11）：65.

[14] 黄宇，仁青措 . 从三所学校的 SWOT 分析看中国“绿色学校”的发展策略 [J]. 环境教育，2005（05）：11-13.

[15] 汪恒 . 生命的跳跃——深圳华侨城小学设计 [J]. 建筑学报，1992（07）：28-30.

[16] 曾建平 . 绿色学校：21 世纪教育的必然走向 [J]. 湖南师范大学教育科学学报，2004（02）：59-63.

[17] 办有特色的绿色学校——新疆乌鲁木齐市新疆农业大学附属中学生态文明纪实 [J]. huanj 育，2015（10）：102.

[18] 贺宇明，黄丹，杜燕然 . 我国绿色学校建设探索 [J]. 开封大学学报，2017，31（03）：52-57.

[19] 黄宇 . 绿色学校的内涵及其创建 [J]. 北京: 环境教育，2001（01）：11-14.

[20] 中华人民共和国国务院 .《关于保护和改善环境的若干规定》[R]. 北京，1973.

[21] 贺宇明，黄丹，杜燕然 . 我国绿色学校建设探索 [J]. 开封大学

学报，2017，31（03）：52-57.

[22] 金玉婷．国际环境教育基金会：在全球播撒绿色的种子 [J]. 世界环境，2012（04）：46-47.

[23] 蔡玉英．绿色是学校教育发展的永恒主题——新疆呼图壁县第四小学创建绿色学校纪实 [J]. 环境教育，2004（11）：45.

[24] 热米拉·吾斯曼．创建绿色学校的理性思考——以新疆创绿活动的调查为例 [J]. 新疆环境保护，2009，31（03）：47-50.

[25] 林又槟．环境教育的新起点 [J]. 环境教育，2000（03）：4-5.

[26] 王景宪，张胜利．生态学校为建绿色学校的创建增添活力 [J]. 环境教育，2011（03）：52.

[27] 陈南．校园环境管理："绿色学校"发展新方向 [J]. 环境，2006:74-76.

[28] 沈建．创建绿色学校面临的问题及对策 [J]. 环境教育，2000（02）：3-5.

[29] 徐兴锋．服务外包国家竞争优势分析及对策研究 [D]. 对外经济贸易大学，2007：161.

[30] 陈英．绿色学校：现代教育改革与发展的新取向 [D]. 山东师范大学，2006：5.

[31] 陈英．绿色学校：现代教育改革与发展的新取向 [D]. 山东师范大学，2006：20-21.

[32] 杨光．中国绿色学校环境教育实施框架研究 [D]. 首都师范大学，2003.

[33] 参见台湾教育部绿色学校伙伴网络 [EB/OL]. [2016-9-14]. https：//www. greenschool.moe.edu.tw/aboutGS/.

[34] 《中华人民共和国环境保护法》. [2014-4-25].www.npc.gov.cn/npc.xinwen/2014-04/25/content_1861279.htm.

[35] 人民网 .《中国学生发展核心素养》发布 [N/OL]. [2016-9-14]. http：//edu.people.com.cn/n1/2016/0914/c1053-28714231.html.

[36] 《中小学环境教育实施指南 [EB/OL]. [2003-10-13]. www.moe.gov.cn/jyb_ xwfb/xw_zllssj/moe_183/tnull_2199.html.

[37] 国务院 . 国务院关于落实科学发展观加强环境保护的规定 . [EB/OL]. [2005-12-13] www.gov.cn/zwgk/2005-12/13/content_125736.htm.

[38] 新版《绿色学校指南》评审会在京召开（2009）[EB/OL]. [2009-6-15]http：//www.chinaeol.net/news/view.asp? id=57316&cataid=15.

[39] 国家环保局，中宣部，国家教委，全国环境宣传教育行动纲要（1996—2010）年，1996.

[40] 国家环境保护总局，教育部 .《关于联合表彰绿色学校的通知》，环发 [2000]73 号 .

[41] 国家环境保护总局，教育部 . 《关于表彰全国创建绿色学校活动先进学校和优秀组织单位的决定》，环发 [2000]220 号 .

[42] 全国环境宣传教育行动纲要（2011—2015 年）

[43] 十九大报告全文（2017 年）[EB/OL]. [2017-10-18]. http：//www.spp.gov.cn/tt/ 201710/t20171018_202773.shtml.

[44] 国家环保总局 . 关于表彰第三批全国绿色学校创建活动先进单位和个人的决定（环发 [2005]36 号）[EB/OL].[2005-3-

23] www.moe.gov.cn/jyb_xxgk/gk_gbgg/moe_0/moe_495/noe_495/moe_1054/tnull_10999.html.

[45] 刘晶 . 深圳华侨城小学从国家绿色学校迈向国际生态学校 [EB/OL]. [2010-6-30]. www.eedu.org.cn/news/region/zhongnan/gz/201006/48916.html.

[46] 深圳华侨城小学 . 传播生态文化，提高环境意识 [EB/OL][2004-4-28]. http: //www.eedu.org.cn/Article/epedu/greenschool/greenschool/nation-wide/200404/657.html.

英文部分

[1] Illinois Environmental Protection Agency. Green Schools Checklist: Environmental Actions for Schools to Consider. IEPA/ OPP. 2003: 5 (Energy Use 2).

[2] The Oregon Department of Environmental Quality. Oregon Green School Tools: Creating Healthy School Environments through Resource Efficiency (Version 1.0). The Oregon Department of Environmental Quality, 1996: 9-17.

[3] Oregon Department of Education. First Reading Common Curriculum Goals and K-10 Content Standards. Oregon Department of Education, 1996.

[4] The Oregon Department of Environmental Quality. Oregon Green School Tools: Creating Healthy School Environments through Resource Efficiency (Version 1.0). The Oregon Department of Environmental Quality, 1996: 12.

[5] CEE.National Green School Guidelines. [2002-2-7] http: // greenschools.schoolsgogreen.org.

[6] Eco-schools newsletter 12, Jan 2012, Volume 4, Issue 1; 2011 Eco-School's Platinum Awards Reporting Guidelines, www.

wessa.org.za.

[7] Finn Mogensen and Michela Mayer. Eco-schools: trends and divergences. 2005.

[8] Eleanor Stokes, Ann Edge and Anne West. Environmental education in the educational systems of the European Union (Final Report). Commissioned by the Environment Directorate- General of the European Commission.2001: 5.

[9] UNCED. Declaration of the United Nations Conference on the Human Environment[R].Stockholm, 1972.

[10] UNESCO. Intergovernmental Conference on Environmental Education[R].Tbilisi (USSR), October 1977.

[11] United Nations Conference on Environment & Developmen. AGENDA 21[R]. Rio de Janerio, Brazil, June 1992.